OPENBOOK

기록자 소개

안녕하세요 권순목이라고 합니다.
평범한 직장인입니다.
취미로 다른 이들의 이야기를 기록하는 것을 좋아합니다.
글로도, 영상으로도 기록을 남깁니다.
남겨진 기록은 웹진 공간에 담아두고 있습니다.
기록이 쌓였을 때 변화의 발판이 될 것이라고 믿으며
세상에 도움이 될 이야기들을 차곡차곡 기록하고 있습니다.

2019 홍콩 시위: 3달의 기록

발 행 | 2020년 07월 06일
기록자 | 권순목
펴낸이 | 한건희
펴낸곳 | 주식회사 부크크
출판사등록 | 2014.07.15. (제2014-16호)
주 소 | 서울특별시 금천구 가산디지털1로 119 SK트윈타워 A동 305호
전 화 | 1670-8316
이메일 | info@bookk.co.kr

ISBN | 979-11-372-1119-3

www.bookk.co.kr
ⓒ 권순목/OPENBOOK

차례: 次例

2019 홍콩 시위

3달의 기록

Prologue

2019년 11월 17일, 홍콩 이공대학(PolyU)이 경찰에게 포위됐다는 소식이 알려지자 검은 복장의 전선시위대(Frontliner)가 네이선 거리를 가득 메웠다. 가방에는 화염병, 손에는 우산, 얼굴에는 방독 마스크를 쓴 시위대가 이공대학을 향해 나아갔다.

근처에서 대기하고 있던 경찰은 최루탄과 고무탄을 연신 쏘아대며 밀려 내려오는 시위대를 막았다. 쏟아지는 탄알에도 불구하고 시위대는 화염 병을 던지며 한걸음씩, 한걸음씩 앞으로 나아갔다.

화염병과 고무탄, 최루탄이 난무하는 가운데 전진과 후퇴를 반복하던 시위대는 마침내 이공대학 앞까지 도달했다. '거의 다 왔다'고 생각하는 순간이었다.

'살수차! 살수차!'

선두에 있던 누군가가 뒤로 대피하며 '살수차!'를 외치기 시작했다. 그 소리를 듣자마자 수많은 시위대가 뒤로 물러났다. 곧 이어 붉은 사이렌을 울리는 살수차가 등장했다. 전세는 역전됐다. 살수차는 순식간에 시위대를 조던(Jordan) 역 부근까지 밀어냈다.

일부 시위대가 화염병을 던지며 전진을 늦춰보려 했지만 강한 물대포 앞에서는 모든 것이 헛수고였다. 옆에 있던 다른 경찰차는 후퇴하는 시위대를 향해 고무탄을 난사했다.

대학까지 단 몇백 미터, 시위대는 그 거리를 넘지 못한 채 처참히 무너졌다.

살수차는 갓길로 도망치는 시위대를 향해 물대포를 미친듯이 쏘아댔다. 시위 현장은 시내 한가운데였고 일반 시민들도 있었지만, 전혀 신경 쓰지 않았다. 경찰 살수차의 물에는 캡사이신이 섞여 있다. 한 번 맞으면 몇 시간 동안 온몸이 타는 것 같은 고통을 느낀다. 물로도, 비누로도 잘 씻기지 않는다. 그 고통 속에서는 몸도 제대로 가눌 수 없다. 취재를 하던 나 역시 결국 위협을 느끼고 급하게 건물 안으로 몸을 피했다. 한 차례 살수차가 지나간 후 건물 밖으로 고개를 뺐을 때 옆에서 다급한 목소리가 들렸다.

'First aid! First aid!'

30대로 보이는 한 남성이 10살 정도 되어 보이는 아이를 안고 응급구조원에게 달려갔다. 아이는 살수차를 정면으로 맞았고 캡사이신 성분 때문에 쇼크로 호흡 곤란이 왔다. 아이의 상태를 보고 다급해진 응급구조원은 바로 아이를 구석으로 데려가 옷을 벗기기 시작했다. 옆에 있던 시위자 몇이 급히 우산으로 아이를 가려주었다.

곳곳에서 비슷한 비명이 들려왔다. 응급구조원들이 뛰어다니며 부상자들을 살폈다. 노인도, 아이도, 청년도 있었다. 한 여성은 캡사이신 열기에 몸을 떨면서도 아기가 탄 유모차를 꼭 안고 있었다.

취재 중 고무탄을 맞고 발목을 다친 기자는 다리를 절뚝거리면서도 그 모습을 카메라에 담고 있었다. 하지만 나는 차마 그 광경을 찍을 수가 없었다. 그 고통의 얼굴들을 카메라에 담을 자신이 없었다. 담아야 함에도, 담지 못했다. 그날 홍콩의 시위는 더 이상 시위가 아니었다. 전쟁이었다.

· · ·

2019년, 홍콩의 거리에서는 시민들의 목소리가 하루도 빠짐없이 울려 퍼졌다. 범죄인 인도법안(송환법)에 반대하는 대규모 시위가 시작된 이후 수백만 명의 사람들이 자신의 권리를 위해 싸웠다. 매일 점심, 저녁, 매주 주말, 온라인부터 오프라인까지, 모든 영역에서 투쟁이 이어졌다. 그 투쟁은 이 책을 다듬고 있는 2020년까지 이어지고 있다.

2019년, 나는 시위 현장을 취재하기 위해 9월부터 11월까지 홍콩을 총세 차례 방문했다. 처음 취재를 결정했을 때, 나의 마음을 이끈 것은 시위에 대한 호기심이었다. 우산혁명부터 이어져온 홍콩의 시위, 그 시위가 어떤 모습을 하고 있는지, 700만이 넘는 인구 중 200만을 거리로

나오게 하는 그들의 저력이 대체 무엇이었는지 궁금했다. 홍콩 사람들은 시위 속에서 무엇을 그리고 있는지 직접 듣고 싶었다. 그 땅을 직접 밟기 전에는 모를 질문이었기에, 그 궁금증에 끌려 비행기를 탔다.

그래서 첫 시위 취재는 즐거웠다. 시위 속에 섞여 사람들을 인터뷰하고, 함께 웃고, 떠들었다. 많은 이들이 정부의 사찰을 걱정해 신분 노출을 꺼려했고 상황에 대한 답답함과 분노를 느꼈지만, 그 안에는 분명 유머와 즐거움이 살아있었다.

하지만 10월을 거치고 11월이 되었을 때, 나를 이끈 감정은 호기심이 아닌 기록자의 책무였다. 내 눈앞에 벌어지는 일들을, 내 귀에 들리는 수많은 발포 소리를, 내 코를 지배하는 지독한 최루 가스의 냄새를, 시위대가 던지는 저항의 열기를, 모두 기록해야 한다고, 증인이 되어야 한다고 생각했다. 그 기록과 기억이 내 삶에 녹아 또 다른 누군가에게 전달되기를 바랐다. 그 마음이 나를 이끌었다.

이 책은 지난 홍콩의 여정을 담은, 일종의 수기다. 대단한 분석도, 대단한 통찰도 없다. 그저 카메라를 들고 현장을 뛰어다녔던 한 개인이 느낀 날씨와 냄새, 소리와 시선에 대한 기록이다. 그 기록 가운데 전달될 수 있는 이야기가 있다면, 그것만으로도 의미가 있을 것이라고, 그렇게 믿고 이 글을 써내려 간다. 대단치 않은 글자들이 작은 불씨의 징검다리가 되길 바란다.

9월: 九月

九月

"범죄인 인도법 개정안을 철회하겠습니다."
(The government will formally withdraw the bill)

9월 4일, 홍콩 행정 장관 캐리 람(Carrie Lam)이 범죄인 인도법 개정
안을 철회하겠다고 발표했다. 짧게는 6월, 길게는 4월부터 시작된 시민
들의 반대 시위에 대한 답변이었다.

그 소식을 듣고 바로 시위대가 모여있는 텔레그램을 켰다. 홍콩 시민들이 기뻐할, 승리의 소식이라고 생각했다. 하지만 나의 예상과 달리 텔레그램의 분위기는 냉랭했다. 오히려 이전보다 더 차가운 느낌이었다.

'저렇게 쉬운 한 마디를 위해 몇 달 동안 우리에게 최루탄을 쏜 건가?'
'그간 잡혀간 사람들에게 사죄해라.'
'우리는 몇 달간 짓밟혔어. 이걸로는 부족해.'

텔레그램 방은 조소로 넘쳐났다. 곧이어 각계 기자회견 소식이 올라왔다. 'Too little, Too late.(너무 부족하고, 너무 늦었다.)'이라는 슬로건과 함께 '5 Demands Not 1 less.(5대 요구[1]를 들어 달라, 하나도 빠져선 안 된다.)'라는 문구의 포스터가 돌기 시작했다.

이미 홍콩 시위는 범죄인 인도법 개정안 철회로 해결될 수준을 넘어섰다. 시위 과정에서 많은 사람들이 체포되거나 다쳤고, 8월 31일에는 경찰 폭력으로 사망한 사람이 있다는 이야기가 텔레그램에 파다하게 퍼지고 있었다. 시민들은 경찰에게 제대로 된 책임을 묻고, 홍콩 정부로부터 완전한 직선제를 얻어낼 때까지 멈추지 않을 생각이었다.

"띵동"

그즈음, 또 다른 시위대 텔레그램 방에 성조기가 그려진 포스터가 돌기

---

1   5대 요구는 홍콩 시민들이 정부에 요구하는 5가지 요구 사항이다. 6월 대규모 시위가 시작될 당시, 시위대는 범죄인 인도법 개정안 철회만을 요구했다. 하지만 오랜 시위 속에서 사람들이 체포되고, 시위가 폭동으로 규정되고, 경찰의 불필요하고 과도한 폭력이 반복되자 홍콩 시민들은 5대 요구를 만들어 정부에 요구하게 된다.

시작했다. 미국에서 발의된 '홍콩인권법'에 대한 설명이 담긴 포스터였다. 얼마 지나지 않아 채팅방에는 자유의 여신상이 그려진 포스터 한 장이 다시 올라왔다. 포스터에는 다음과 같은 문장이 쓰여 있었다.

9/8 Prayer Meeting for
Hong Kong Human Rights and Democracy
(홍콩인권법 기원 시위)

홍콩 인권법 통과를 위한 탄원 시위, 내가 마주한 첫 시위였다.

9月 8日, 홍콩 센트럴

9월 8일 오후 1시 반, 홍콩 센트럴 차터 가든 공원에는 수십 기의 성조기가 나부끼고 있었다. 검은색 옷을 입은 시위대가 성조기를 들고 행진을 준비했다. 곳곳에서는 미국 국가가 흘러나오고 있었다. 홍콩 시위와의 첫 만남치고는 꽤 묘한 첫인상이었다.

홍콩인권법은 미국 하원에서 2019년 6월 발의한 법이다. 이 법은 홍콩의 인권과 민주주의를 지지하기 위한 조치를 하겠다는 것을 목적으로한다. 법안에 따르면 미국은 홍콩의 자유를 억압한 책임이 있는 사람들에게 비자 발급을 제한하고, 홍콩의 자치 수준을 평가해 그간 홍콩의 관세, 투자, 무역 등에 주었던 특별 대우를 중단할 수 있다. (현재 이 법은 하원과 상원을 모두 통과하고 트럼프 대통령이 서명까지 마친 상태다.)

마음속에서는 여러 생각이 오갔다. 홍콩의 문제를 해결하기 위해 미국의 힘에 기대는 것이 과연 최선의 해결 방법일지, 장기적인 관점에서 그것이 홍콩 시민들의 인권 침해 문제를 온전히 해결하는 것일지 가늠이 되지 않았다.

하지만 이내 나의 판단은 잠시 내려놓기로 했다. 그 묘함조차도 홍콩 시위의 방식이라고 생각했다. 6월부터 계속되고 있는 홍콩 시위에는 주도자가 없다. 더 정확히 말하자면 모두가 주도자다. 매주 초가 되면 수십만 명이 텔레그램에서 시위 주제, 방식을 논의한다. 어떤 주에는 공항에서, 어떤 주에는 몽콕에서 시위가 열린다. 행진 시위가 생기는가 하면, 인간 고리(Human chain) 시위가 만들어지기도 한다. 모두가 함께 만들기에, 홍콩 시위는 항상 예측할 수 없는 방향으로 흘러간다. 그게 홍콩 시위다.

오후 2시, 20~30여 명 정도였던 시위대가 급격하게 늘어나기 시작했다. 센트럴 역 입구에서 검은색 마스크를 쓴 사람들이 쏟아져 나왔다. 역 입구에서는 몇몇 사람들이 직접 인쇄해온 피켓과 포스터를 나눠주고 있었다. (나중에 안 사실이지만 이 피켓과 포스터 역시 자비를 들여 자발적으로 인쇄하는 것이라고 한다.) 'Pass the act, save Hong Kong(법을 통과시켜서 홍콩을 구해주세요)'이라고 써진 포스터도, '五大訴求 缺一不可(오대요구 결일불가)'가 쓰여 있는 포스터도 있었다.

한편 공원 광장 앞 쪽에는 사진으로만 보던 홍콩 자유의 여신상이 세워지고 있었다. 한 손에는 우산, 다른 한 손에는 깃발을 든 여신상은 홍콩 시위 현장 한 가운데 우뚝 솟았다.

레이디 리벌티(Lady Liberty)라고 불리는 홍콩 자유의 여신상은 온라인 포럼 LIHKG 이용자들이 디자인해 만든 것으로 2019년 8월부터 홍콩 시위 곳곳에 세워졌다. 그 유명한 여신상을 직접 보게 되니 새삼 감회가 새로웠다.

시작 시간이 가까워져 올수록 사람들은 계속 늘어났다. 공원 안이 가득 찼지만, 사람들의 행렬은 멈출 줄 몰랐다. 인원이 많아지자 촬영할 공간이 점점 부족해졌다. 안 그래도 컴퓨터부터 카메라까지 지고 있는 짐이 한가득이었기 때문에 잘못하다간 오도 가도 못하겠다 싶어 공원 끝 난간 쪽으로 몸을 피했다. 상황을 확인하려면 높은 곳으로 올라가야 했다. 광장을 둘러싸고 있는 구조물의 지붕 위로 올라가고 싶었지만 이미 입구까지 사람들이 가득 차서 올라가지 못하는 상황이었다.

머리를 긁적거리며 방법을 궁리하던 내게 갑자기 청년 두어 명이 다가왔다. 광둥어로 무언가 얘기하던 그들은 내가 못 알아듣는 듯한 표정을 짓자 영어로 말을 걸어왔다.

"기자예요? 위로 올라가려고요?"

카메라와 짐가방을 보고 내가 해외 기자라고 생각했던 것 같다. (생각해보면 프레스 조끼도 안 입고 있을 때였다. 먼저 호의를 건네준 게 신기하고 감사할 따름이다.) 길게 설명하기가 어려워 우선 '그렇다'고 답했다. 그러자 한 청년이 건물 위에 있는 다른 청년들을 불렀다. 곧이어 두 사람은 나를 아래에서 밀어주고 건물 위에 있는 다른 청년들이 나를 붙잡아 끌어올려 주었다. 아래에서 날 밀어준 청년은 엄지를 올리며 말했다.

"오늘의 현장, 카메라에 잘 담아주세요!"

나도 웃으며 그에게 감사를 표했다. 지붕 위에 있던 시위자들도 잘 부탁한다며 연신 악수를 해주었다. '거참, 내가 뭐라고.'라는 생각이 들었다.

한편으로는 그만큼 홍콩 시민들이 국제 사회의 연대를 원하고 있다는 느낌도 받았다. 그렇기에 사진 한 장이, 외신 기자 한 명이 더 간절했던 것 같다.

미국 대사관으로의 행진이 시작되는 2시 반이 다가오자, 광장 가운데 있던 한 사람이 쫙 핀 손바닥을 높이 들고 외쳤다.

'Save Hong Kong! Pass the Act!'
'Five demands! Not one Less!'

그 남자의 목소리를 시작으로 사람들이 하나 둘 구호를 외치기 시작했다. 처음에는 바로 옆 사람들이, 그 뒤에는 광장 안 사람들이, 곧 광장 밖에 있는 사람들에게까지, 구호를 외치는 목소리는 마치 물결처럼 퍼져 나갔고 이내 모든 사람들이 함께 구호를 외쳤다. 처음 구호를 외치던 사람의 목소리가 잦아들 때쯤, 또 다른 누군가가 구호를 외쳤고 구호는 다시 물결이 되어 퍼져나갔다. 그렇게 몇 분간 수만 명의 목소리가 메아리처럼 센트럴에 울려 퍼졌다

나는 아직도 그 순간이 기억난다. 지붕 위에서 맞이한, 수많은 사람의 하나 된 목소리. 누군가 마이크를 들고 유도하지 않았는데도 물결처럼 퍼져 만들어진 거대한 목소리의 파도. 그 소리는 정말 경이로웠다.

몇 분의 구호 소리가 잦아들 때쯤, 시위대가 움직이기 시작했다.

행진이 시작되었다.

차터 가든은 시위를 하러 나온 시민들로 가득했다. 공원 안을 채우고도 사람들이 계속 몰려들면서 주변 일대가 사람들로 꽉 찼다.

차터 가든에서 출발한 시위
대는 가든 로드(Garden
Road)로 진입해 미국 대사
관까지 행진을 이어갔다. 선
두대는 대사관에 도착했고 시
위대가 도로를 가득 채웠다.

도로 중간에 있는 하늘
다리에는 'Trust CCP?
Seriously? (중국 공산당
을 믿으라고? 진심으로?)'
라는 거대한 현수막이 걸렸
다. 현수막을 본 사람들은 박
수로 환호하며 'Fight for
Freedom. (자유를 위해 싸
운다.)'을 외쳤다.

"아, 덥다"

마음속 말이 탄식처럼 터져 나왔다. 아닌 게 아니라 정말 더웠다. 게다가 해가 중천인 오후 3시였다. 땀이 비 오듯 쏟아졌다. 9월달 홍콩 비행기 티켓이 싼 이유를 온 몸으로 체감하는 순간이었다. 땀이 얼마나 났는지 메고 있던 가방까지 흥건해졌다.

그럼에도 불구하고 몸에는 묘한 생기가 흘렀다. 등에 진 짐과 손에 들린 카메라의 무게가 온몸을 짓누르고 있었지만 마음 한 켠은 흥분으로 가 득했다. 눈앞에 펼쳐진 수만 명의 인파와, 그들이 쏟아내는 시위의 열기 는 더위와 피곤에 지친 나를 움직일 만큼 굉장했다.

그 모든 것을 카메라에 담겠다는 생각이 머리를 지배했다. 글과 사진으 로만 접하던 현장이 눈앞에 있다. 컴퓨터 화면으로는 느낄 수 없는 에너 지가 온 몸으로 느껴진다. 이걸 두고 어떻게 멈출 수 있을까?

더위를 피해 그늘로 피신했던 나는 다시 카메라를 부여잡고 현장에 뛰 어들어갔다.

100명이 모인 시위에는 100가지 얼굴이 존재한다. 한 주제로 모였을 지언정, 참여의 이유도, 방식도, 생각도 다르다. 9월 8일 홍콩 시위 현장 도 마찬가지였다. 시위 현장에는 온갖 부류의 사람들이 있었다.

수많은 성조기 속에서도 영국 국기를 흔드는 시위자, 이때를 놓치지 않 고 우산을 파는 잡상인, 포스터를 인쇄해 나눠주는 노인 분들, 현장의 응급 처치를 담당하는 응급구조원, 시위대를 위해 활동하는 자원봉사자, 물, 음식을 나눠주는 학생들, 취재를 위해 카메라를 들고 뛰는 기자들. 그리고 그 모든 이들을 담는 나도 있었다.

시위 속에 섞여 있으면서 그들과 이야기를 나눴다. 그들이 어떤 생각을 가지고 있는지, 어떤 심경인지 들어보고 싶었다. 대화를 나눌 때마다 그들의 마음 속에 얽혀 있는 복잡한 감정을 느꼈다. 모두 현재의 상황에 분노했고 변화하지 않는 정부에 절망하고 있지만, 멈추지 않고 목소리를 내는 홍콩 사람들의 모습에 희망과 자부심을 느끼고 있었다. 시위 안에는 분노, 절망, 희망, 자부심이 공존하고 있었다.

하지만 그들이 마주하고 있는 상대가 중국이라는 것 역시 여실히 느낄 수 있었다. 인터뷰를 했던 사람들 중 많은 이들이 자신의 얼굴과 소속, 이름 등 신분이 노출될만한 내용을 밝히는 것을 극도로 꺼렸다. 중국 정부에 사찰을 당할지도 모른다는 불안감 때문이었다.

한 남성은 '그것을 각오하고 거리에 나왔다'고 말했다. '말하지 않으면, 그 위협조차 느끼지 못하는 홍콩이 될 것'이라고, '자유가 없어진다는 게 얼마나 무서운 일인지조차 느끼지 못하는 홍콩이 되어버릴 것'이라고 말이다.

그 불안감에도 불구하고 마스크를 쓰고 거리에 나오는 그들이, 나의 눈에는 참 대단했다.

현장 인터뷰 1
홍콩 시위 참여자 청년 A씨

"오늘 홍콩 시위는 미국의 홍콩인권법안
개정을 통과시켜달라는 요구를 하는 시
위예요. 홍콩인권법안은 홍콩의 인권이
침해되고 있는 상황을 막고 홍콩의 민주
주의와 인권을 지지하는 미국 법안이고
요. 아주 구체적인 내용까지 알지는 못하
지만 홍콩 정부에 압력을 넣기 위해 관련
된 사람들을 경제적으로 제재하는 내용
이 담겨 있대요. 그래서 그 법을 지지해
요.

지금 시위대는 5대 요구를 외치고 있어
요. 우리의 5대 요구도 결국 홍콩의 민주
화와 인권을 위한 거예요. 특히 지난 시
위 기간 동안 경찰과 정부가 너무 많은
폭력을 저질렀어요. 우리는 그 문제를 해
결하고 싶어요. 그래야만 모두의 마음에
쌓여 있는 분노가 누그러질 것 같아요."

지난 몇 달 동안의 시위 때문에 다들 많이 지쳤어요.
저도 지쳤어요.

99

**그럼에도 불구하고
함께 목소리를 높여야 한다고 생각해요.**

"요새 몽콕(MongKok) 근처에는 경찰서 앞에
서 폭력 시위가 계속되고 있어요. 쌓여 있는 분노
가 터져 나오고 있는 거겠죠. 특히 얼마 전인 8월
31일 시위에서 많은 사람들이 다쳤어요. 사람 한
명이 죽었다는 얘기도 있고요. 그래서 모두 더 화
가 났어요. 다들 진실을 알고 싶어 해요.

과격한 시위가 자꾸 일어나는 것도 그런 이유예
요. 과격한 시위가 항상 옳은 건 아니지만, 이 모
든 사태의 원인은 결국 경찰에게 있어요. 이 사태
를 해결하려면 경찰이 답을 내놓아야 해요.

지난 몇 달 동안의 시위 때문에 다들 많이 지쳤어
요. 저도 지쳤어요. 그럼에도 불구하고 함께 목소
리를 높여야 한다고 생각해요. 그래야만 이 문제
를 해결할 수 있어요. 모두 나와주길 바라요. 그
리고 해외에서, 한국에서 많은 분들이 관심을 가
져주고 있는 걸 알고 있어요. 정말 감사합니다.
계속 지켜봐 주세요."

현장 인터뷰 2
홍콩 시위 참여자 B씨

"홍콩의 대규모 시위는 6월부터 시작됐어요. 저는 그 첫날부터 지금까지 모든 시위에 참여해왔어요. 우리는 5대 요구가 받아들여질 때까지 시위를 계속하려고 해요.

이 시위에는 주도자가 없어요. 어떤 정치 집단이나 정당을 위해 하는 게 아니에요. 우리 모두를 위해, 모두가 함께 움직이고 있는 거예요. 피켓, 포스터, 마스크, 현장에서 나눠주는 물건들도 자발적으로 나눠주는 것이고 응급 구조원들도 여러 병원, 학교에서 자원봉사를 나온 사람들이에요. 돈이 있는 사람은 돈을 기부하고, 돈이 없다면 전선에서 목소리를 높이며 싸우죠. 각자가 할 수 있는 걸 해요. 자신이 가진 능력과 방법으로, 문제를 해결하기 위해 나서는 거예요."

"(이런 형태의 시위가 비효율적이라는 주장도 있지만) 이것도 우리 나름의 전략이에요. 지금의 정부는 너무 영악해요. 시위의 주도자가 있다면 무슨 이유를 들어서든 주도자를 체포할 거예요. 지금의 방식으로 시위를 한다면 사람들이 구속되더라도 다른 사람들이 시위를 이어갈 수 있어요.

오늘 시위의 주제인 홍콩인권법은 굉장히 중요해요. 이 법이 미국에서 발의된 것이기 때문이에요. 다른 나라는 지금 홍콩 문제에 큰 관심이 있지 않고 중국의 방식에 적극적으로 대응할 생각도 없어요.

이 법이 통과된다면 국제적인 관심을 얻을 수 있고 미국의 힘을 빌어 중국을 압박할 수 있어요. 그래서 오늘 시위에 나온 거예요."

❝
이 시위에는
주도자가 없어요
우리 모두를 위해
모두가 함께
움직이고 있는 거예요.

현장 인터뷰 3
홍콩 시위 참여자 C씨

"저는 고등학생과 대학생으로 이루어진 학생 연합 단체의 일원이에요. 지금 고등학생이지만 곧 대학생이 될 예정이에요. 시위에는 7월부터 참여해오고 있어요.

저희는 주로 시위에서 물품을 나눠주고 있어요. 물, 과자, 마스크같이 현장에서 필요한 물품들이요. 시위가 길어질수록 이런 물품들이 많이 필요하거든요. 물건이 필요한 곳은 어디든 가려고 노력하고 있어요.

물건의 경우에는, 저희가 돈을 모아서 사는 경우도 있지만, 정말 많은 분들이 기부해주고 있어요. 그런 기부가 바탕이 되었기 때문에 이렇게 활동할 수 있는 것 같아요."

"가끔은 시위 현장에 있는 분들이 돈을 쥐여주려는 경우도 있어요. 하지만 돈은 받지 않아요. 저희 스스로 회계적인 투명성을 지키기 위한 원칙이에요. 정말 양보하지 않는 분들에게는 쿠폰을 달라고 하거나 기록을 남길 수 있도록 계좌이체를 해달라고 말씀 드려요.

저는 용기 있게 싸울 수 있는 사람은 못 돼요. 그래서 최전선에는 그다지 도움이 되지 않죠. 대신 제가 할 수 있는 한에서 최선을 다할 뿐이에요. 여기 있는 사람들 모두 그래요. 각자의 위치에서 최선을 다하고 있어요.

언제까지 시위를 계속할 수 있을지는 모르겠어요. 희망하기로는 이 문제가 온전히 해결될 때까지 이렇게 거리에 나오고 싶어요. 모두가 안전했으면 좋겠어요. 다들 몸조심하세요. 홍콩을 위해 함께 연대하고 싸워주세요!"

제가 할 수 있는 한에서
최선을 다할 뿐이에요.
여기 있는 사람들 모두 그래요.
각자의 위치에서 최선을 다하고 있어요.

시위가 중반으로 넘어가자 곳곳에서 탈수 증상을 보이는 사람들이 나타났다. 하늘에는 강렬한 태양이 쏟아지고 땅에서는 아스팔트의 뜨거운 열기가 올라오고 있었다. 그런 도로에서 몇 시간을 있었으니 탈수가 오는 게 당연했다. 그때마다 시위대는 머리 위에 십자가를 그리며 "First Aid!"를 외쳤다. 그 십자가와 목소리는 사람들을 타고 퍼져 응급구조원을 현장으로 인도했다.

십자가가 그려진, 노란색 조끼를 입은 응급구조원들은 현장에서 제일 든든한 존재다. 나의 몸에 이상이 생겼을 때 치료해줄 누군가가 있다는 것. 운신의 폭이 넓지 않은 시위대 속에서는 그 존재 자체가 큰 위안이 된다.

취재를 계속하던 도중 그들의 이야기가 궁금해 현장의 인파를 살피는 한 응급구조원에게 인터뷰를 요청했다.

"혹시 시간이 괜찮으시면 간단하게 인터뷰를 요청할 수 있을까요?"

나의 말에 그는 미소를 지으며 손을 저었다. 아쉬운 마음이 들어 '익명으로 진행하겠다. 원하지 않으면 얼굴 사진도 찍지 않을 거다.'라고 말했지만 그는 정중히 나의 제안을 한 번 더 거절했다.

"나는 이곳에 사람을 구하러 왔어요. 그게 내 역할이에요. 말은 가능한 아끼고 싶네요. 정말 미안합니다."

그는 나에게 꾸벅 인사를 하고 인파 속으로 사라졌다. 단 30초의 대화였지만, 그의 마지막 뒷모습은 꽤 오랫동안 기억 속에 남았다.

현장의 시위대는 모두 같은 말을 한다. '내가 할 수 있는 것을 한다.'고. 그 마음이 지금의 홍콩을 만들었다. 홍콩 사람들은 정말 다 함께 홍콩을 지키고 있었다.

"위잉! 위잉"

오후 6시쯤, 차터 가든 근처에서 경보음이 울려 퍼졌다. 센트럴 역에서
나는 소리였다. 일부 시위대가 역 입구를 점거하고 기물을 파손하기 시
작했다. 시위대는 도로 주변의 울타리를 뜯어내 각종 집기와 함께 역 안
으로 던져 넣었다.

모든 시위대가 평화적인 것은 아니다. 평화적인 목소리로는 변화를 만
들 수 없다고 믿는 사람들 역시 시위 속에 존재한다. Frontliner, 일명
전선시위대라고 불리는 시위대가 그중 하나다. 자체적으로 만들어진 이
시위대 조직은 전신을 검은색 옷으로 감싸고 경찰과 직접 대치한다. 때
로는 친중국적인 기업이나 친정부편인 MTR(홍콩 지하철 회사)을 공격

하기도 한다.

얼마 지나지 않아 평화 시위 허가가 갑자기 취소됐다는 소식이 전해졌다. 센트럴 역이 공격받고 있다는 소식이 전해지자 신고된 집회 시위가 취소된 것이다. 센트럴 역 역시 폐쇄됐다.

곧 현장의 분위기가 험악해졌다. 텔레그램에서는 진압 경찰들이 전선시위대쪽으로 향하기 시작했다는 제보들이 올라왔다. 평화 시위에 참여했던 일반 시민들은 집회를 취소한 정부에 항의하거나 다른 역으로 몸을 피했다.

시위에 참여하지 않는 시민들 역시 우왕좌왕하며 센트럴 역 인근을 벗어났다. 현장은 순식간에 아수라장이 됐다.

"화악"

그 순간 센트럴 역에서 불길이 솟았다. 시위대 중 한 명이 역 입구에 불을 질렀다. 불길은 순식간에 역 입구를 집어삼켰다. 검은 연기가 하늘로 치솟았다.

센트럴, 도시의 중심, 그 중심이 불타올랐다.

이제 어찌 해야 할까, 계속 취재를 해야 할까? 나도 몸을 피해야 할까? 어찌해야 할지 몰랐다. 처음 접해본 아비규환에 나도 혼란스러웠다. 멀리서 경찰 사이렌 소리가 들려왔다. 마비된 도로 탓에 택시는 근처에 오지도 않았고 어느 버스를 타야 하는지 정보도 없었다. 핸드폰은 한참 전에 배터리가 나간 상태였다.

주변 기자들 사이에서 바로 옆 역인 애드미럴티(Admiralty) 역까지 폐쇄될 거라는 얘기가 들려왔다. 애드미럴티 역이 폐쇄되면 침사추이로 이동할 수 있는 최단 거리의 두 역이 막히는 게 된다. 몇 시간 뒤면 비행기를 타기 위해 공항으로 가야 하는 상황. 센트럴 지역을 제대로 모르는 나는 그 이상의 위험을 감수하기는 어려웠다.

결국 나 역시 인파에 섞여 빠르게 현장을 빠져나갔다. 멀리서 경찰의 사이렌 소리가 들렸다. 그 소리가 현장에서 들었던 마지막 감각이었다.

· · ·

비행기 시간에 맞춰 버스를 타고 공항으로 출발했다. 복잡 미묘한 기분이었다. 원하는 대로 시위 현장을 취재했다. 사람들을 인터뷰하고, 현장의 모습을 기록했다. 그런데 뭔가 답답했다.

내가 기록한 모습들과 시위 현장의 마지막 모습은 사뭇 달랐다. 평화 시위와는 차원이 다른 분노가 느껴지는 순간이었다. 그 마지막 모습을 남겨둔 채 나는 현장을 도망쳐 나왔다. 프레스 조끼도, 기자증도, 보호 장구도 없는 나에게 그 이상은 무리라는 것을 안다. 그럼에도 불구하고 마음 한 켠에 있던 불편감을 지울 수 없었다.

내가 담아낸 시위의 모습은 온전한가?
기록되어야 하는 시위의 모습은 무엇이어야 할까?
나의 기록이 혹 반쪽짜리 기록은 아닐까?

거기까지 생각했던 것 같다. 나는 완전히 곯아떨어졌다. 그럴만했다. 시위 취재를 하느라 점심, 저녁도 먹지 않은 상태였다. 공항에 도착했을 때는 너무 피곤해서 어서 빨리 집에 가고 싶은 마음뿐이었다. 비행기를 타며 '그래도 잘 끝내고 집에 간다'고 생각했다.

스쳐 지나가던 그때의 짧은 생각이 나를 다시 홍콩으로 이끌 거라는 걸, 그때는 몰랐다.

배경 정보 QnA, 01

Q. 홍콩 범죄인 인도법 개정안은 어떻게 만들어지게 된 건가요?

A. 홍콩 범죄인 인도법안을 얘기하기 위해서는 2019년 2월로 거슬러 올라가야 합니다. 2019년 2월, 대만에서 한 홍콩 여성이 살해됩니다. 범인은 그의 남자친구인 홍콩인 찬퉁카이(陳同佳). 그는 여성을 살해한 후 홍콩으로 도주합니다.

살인범은 처벌되어야 함에도 홍콩 정부는 이 남성을 기소할 수가 없습니다. 남성을 처벌하기 위해서는 우선 범인이 대만으로 인도된 후 그곳에서 기소되어야 하는데, 대만과 홍콩은 범죄인 인도조약이 체결되어 있지 않기 때문입니다. 범죄인 인도조약은 외국에서 해당 국가의 형법을 위반한 범죄인이 자국으로 도망을 갈 경우, 외국의 요청에 따라 범죄인을 체포, 인도하기로 상호 합의하는 조약입니다.

이 사건으로 말미암아, 홍콩 정부는 1) 범죄인 인도와 관련된 도피 범죄자 조례와 2) 국제형사사법공조조례를 개정하는 개정안을 발의하게 됩니다. 바로 이 두 개정안이 범죄인 인도법 개정안(또는 송환법 개정안)입니다.

Q. 그래서 대체 범죄인 인도법 개정안이 뭐가 문제인 건가요?

A. 이 개정안 가운데서 홍콩 시민들이 가장 우려하는 부분은 범죄인 인

도 대상 국가가 '일반-장기 범죄인 인도조약 체결 국가'에서 '모든 국가'로 확대될 수 있다는 것입니다. 현재 홍콩은 중국 본토와는 범죄인 인도조약을 맺지 않은 상태입니다. 하지만 이 개정안이 시행된다면 경우에 따라서는 홍콩 시민들 누구나 중국 본토로 인도될 수 있게 됩니다. 시민들이 모두 두려워하는 부분이죠.

Q. 너무 과민 반응이지 않을까요? 애초에 홍콩 사람들을 중국으로 인도하기 위해 만들어진 법도 아니고, 대만 살인 사건을 해결하기 위한 것이 잖아요.

A. 중국은 그간 여러 차례 홍콩에 대한 통제력을 확대하기 위해 노력해왔습니다. 2003년에는 홍콩의 국가보안법을 제정해 소위 '반역, 폭동, 선동, 국가 기밀 누설, 전복'을 일으킨 자에게 무기징역을 선고하려 했고, 2012년에는 국민 교육 도입을 통해 중, 고등학생들에게 중국에 대한 애국을 강조하는 과목을 필수 과목으로 지정하려고 했습니다. 2014년에는 2017년 홍콩 행정장관 선출 직선제를 요구하는 시민들에게 '홍콩 시민들이 직접 행정 장관을 뽑을 수는 있지만 후보자는 중국에 의해 선정된 후보만 가능하다'는 골자의 메시지를 전달했습니다. 일련의 과정을 통해 다양한 방법으로 홍콩의 자유를 통제하고자 한 것이죠.

2019년 범죄인 인도법안 개정에 대한 홍콩 시민들의 반응은 중국 정부가 홍콩 자치구의 사법부에 영향을 주려 한다는 합리적 의심이자, 그간 겪어왔던 중국 정부와의 갈등이 불러일으킨 반작용인 셈입니다. 특히 2014년, 2017년 행정 장관 직선제를 요구하며 진행됐던 센트럴 점거 시위(Occupy Central with love and peace), 일명 우산 혁명(Umbrella Movement)의 주도자 9명에게 2019년 최대 징역 16개월이 선고됐습니다. 이런 배경에서 홍콩 시민들이 가지게 되는 불안과 의심은 훨씬 클 수밖에 없습니다.

Q. 홍콩은 중국의 자치구입니다. 중국이 자국의 자치구에 그 통제력을 확대하려 하는 게 왜 나쁜 건가요?

A. 홍콩은 오랜 시간 동안 영국의 관할하에 있었습니다. 1997년 7월 1일, 중국과 영국이 맺은 홍콩 반환 협정에 따라 홍콩은 중국에 반환됩니다. 1862년 홍콩섬 지역이 영국 관할이 된 지 155년 만의 일이었습니다. 오랫동안 영국의 통제 하에 있던 홍콩이 중국에 온전히 편입되기는 쉽지 않았을 겁니다. 양국 모두 이 부분을 인지하고 있었고 고민 끝에, 협상 과정에서 '1국 2체제(일국양제, 또는 One country Two systems)라는 형태를 만들게 됩니다.

1국 2체제에 따르면 홍콩은 높은 수준의 자치권을 가지게 되고 입법부, 행정부, 독립된 사법부를 가지게 됩니다. 홍콩 시민들은 언론의 자유, 집회시위의 자유, 사상표현의 자유 등 다양한 권리와 자유를 보장받게 되며 이러한 사항은 홍콩 행정 자치구의 헌법 격인 기본법에 규정되어 보장됩니다. 위 내용은 2047년까지 50년간 유지됩니다.

쉽게 말해 2047년까지 중국은 외교와 국방의 문제를 제외하고는 홍콩의 자치권을 존중해주어야 하는 것이지요. 그런데 이 자치권이 중국의 손에 조금씩 영향을 받기 시작하자 시민들이 반발을 하고 있는 것입니다.

Q. 홍콩인권법은 정확히 무엇인가요? 무엇이길래 사람들이 이렇게 나와서 시위를 하는 것이죠?

A. 홍콩인권법의 공식 명칭은 홍콩 인권 민주주의 법안(Hong Kong Human Rights and Democracy Act)입니다. 미국 하원에서 발의된 이 법안은 1992년 미국-홍콩 정책법(United States-Hong Kong Policy Act)을 개정해서 홍콩의 인권 민주주의를 지지하자는 것을 목적으로 한 법안입니다.

이 법은 1) 홍콩의 인권 침해 사안에 책임이 있는 책임자들의 미국 입국 비자 발급을 제한하고 미국 내에 있는 그들의 자산을 동결할 것 2) 미국 국무부가 매년 홍콩의 자치 수준을 평가해서 홍콩의 특별 지위를 지속할지 철회할지 결정할 것(미국은 그간 홍콩에 특별 지위를 주고 미국과 홍콩 사이의 무역, 투자 등에 관세 인하, 비자 발급 등 여러 혜택을 제공하고 있었습니다.)을 내용으로 하고 있습니다. 이 법은 상,하원에서 가결되었고, 2019년 11월 27일 도널드 트럼프 대통령의 서명을 시점으로 즉각 발효되었습니다.

Q. 홍콩의 시위는 굉장히 오랫동안 지속되었습니다. 그간 무슨 일이 있었나요?

A. 범죄인 인도법안 반대 시위는 짧게 보면 6월, 길게 보면 4월부터 시작되었다고 볼 수 있습니다. 법안이 발의된 후 4월부터 민간인권전선을 포함한 여러 NGO 단체들이 법안 반대 시위를 소규모로 진행해왔고, 첫 대규모 시위는 6월 9일부터 있었습니다. 6월에서 9월 사이에는 여러

중요한 순간들이 있었는데요. 그 중요한 지점들을 간단하게 정리해보겠습니다.

2019년 6월 12일

100만 명의 사람들이 센트럴에 나와 범죄인 인도법 개정 반대를 외쳤습니다. 평화 시위를 벌이던 이날, 경찰은 처음으로 시위대를 향해 최루탄과 고무탄을 발사했습니다. 시위대를 향한 경찰 폭력의 시작이었습니다.

2019년 6월 16일

15일 캐리람 홍콩 행정 장관이 범죄인 인도법안 표결을 늦추겠다고 발표했습니다. 하지만 12일의 경찰 폭력에 분노한 200만 명의 시위대가 거리에 나와 범죄인 인도법안 반대를 외쳤습니다.

2019년 7월 1일

6월 16일의 시위에도 불구하고 정부가 범죄인 인도법안 개정을 철회하지 않자 시위대가 입법회 건물을 점거합니다. 홍콩 반환 기념일이었던 이날, 건물을 점거한 시위대는 입법회 단상에 영국기를 내걸고 홍콩 정부와 중국 정부의 폭정을 비판합니다.

2019년 7월 21일

중국 국경과 인접해 있는 위안랑 구(Yuen Long) 지하철역에서 흰색 옷을 입은 100여 명의 남자들이 검은색 옷을 입은 시민들을 무차별 폭행합니다. 많은 시민이 부상을 입었지만 경찰은 사건이 다 끝난 후에 현장에 도착하여 큰 질타를 받습니다. 일부 목격자의 증언에 따르면 2명의 경찰관이 현장에 도착했지만 상황을 목격하고도 수수방관했다고 합니다. 이 사건과 증언들이 퍼져나가면서 경찰에 대한 시위대의 분노는 더욱 커지게 됩니다.

2019년 8월 11일

8월에 들어서면서 시위는 새로운 국면을 맞이합니다. 시위대는 범죄인 인도법안 개정을 넘어, 홍콩 시민의 자유를 회복하는 것을 시위의 목적으로 가져가기 시작합니다. 이 과정에서 5대 요구가 자연스럽게 만들어집니다.

시위대를 향한 최루탄, 고무탄 등 경찰의 폭력은 점점 일상이 됩니다. 시위대 역시 이에 대항해 마스크와 보안경, 안전모를 쓰고 현장에 나타나기 시작합니다. 이날 수많은 시위대가 공항에서 시위를 벌였고 이 시위에서 한 여성 시위자가 경찰의 고무탄(또는 빈백탄, 현재 어떤 것이 발사되었는지는 밝혀지지 않았습니다.)에 맞아 한쪽 눈을 실명합니다.

2019년 8월 18일

8월 11일 여성 시위대의 실명 사건에 분노한 170만 명이 거리에 나옵니다. 쏟아지는 비와 경찰의 시위 불허에도 불구하고 수많은 사람들이 우산을 쓰고 거리에 나와 평화 행진 시위를 벌입니다.

2019년 8월 31일

경찰이 MTR에 진입해 시위대와 시민들을 곤봉, 페퍼 스프레이로 무차별 폭행합니다. 이날의 영상이 홍콩과 전 세계에 퍼지면서 경찰의 과도한 폭력의 실상이 드러나게 되고 시위대는 더욱 분노하게 됩니다.

2019년 9월 4일

캐리 람 장관이 공식 기자회견에서 범죄인 인도법안 개정을 철회합니다.

Q. 범죄인 인도법안이 철회되었는데 왜 시위대는 시위를 계속하고 있는 거죠?

A. 현재 시위대는 홍콩 정부가 시위대의 5대 요구를 들어줄 것을 촉구하고 있습니다. 범죄인 인도법안 철회는 이 중 1개에 불과합니다. 시위대는 5개의 요구사항이 모두 이루어질 때까지 시위를 계속하겠다고 밝혔습니다. 5대 요구는 아래와 같습니다.

요구 1) 범죄인 인도법 개정안을 철회할 것
요구 2) 시위를 폭동으로 규정한 것을 철회할 것
요구 3) 무력 진압에 사과하고 경찰 폭력에 대한 독립 조사를 시행할 것
요구 4) 체포된 시위대 모두를 석방할 것
요구 5) 홍콩 행정 장관 직선제 및 입법회 보통, 평등 선거를 실시할 것

10월: 十月

十月

2019년 10월 1일 화요일, 오후 5시, 아직도 그 날을 생생하게 기억한다. 오랜만에 휴가를 쓰고 집에서 쉬던 오후, 갑자기 텔레그램이 미친 듯이 울리기 시작했다. 그날처럼 홍콩 시위대의 텔레그램 알람이 요란했던 적은 처음이었다. 대체 무슨 일인가 싶어 텔레그램을 확인했다.

"경찰이 학생을 실탄으로 쐈대!"

순간 내 두 눈을 의심했다. 이게 말이 되는 소리인가? 처음에는 오보라고 생각했다. 텔레그램 방들 사이에서도 혼잡한 정보가 쏟아졌다. 누군가는 공포탄이라고, 누군가는 플라스틱탄이라고 발표했다. 하지만 얼마 안 가 정보가 하나도 모였다. 실탄이었다. 경찰이 눈앞에 있는 학생 시위대의 가슴 쪽에 실탄을 발사했다. 보고도 믿을 수 없었다.

그날 홍콩의 밤은 전쟁터가 되었다. 수많은 전선시위대가 거리로 쏟아져 나왔고 곳곳이 최루탄 연기와 화염병의 불꽃으로 뒤덮였다. 주요 지하철역과 친 중국 기업들 역시 공격당했다. 기자들이 상처를 입거나 다쳤다는 이야기도 여럿 들려왔다.

한창 10월 홍콩 취재를 계획하고 있었던 나는 이 사태를 보며 고민에 빠졌다. 솔직하게는 무서웠다. 기자들도 다치는 현장에 가도 될까? 상황이 더 격화되어서 돌아올 수 없게 될 수도 있을까? 고무탄에 잘못 맞아서 실명하면 어떻게 하지?

그런 나를 붙잡은 건 9월의 마지막 현장이었다. 내가 도망쳐버린 현장, 담지 못하고 기록하지 못했던 이야기들. 담아야 함에도 담지 못했던 홍콩의 모습이 떠올랐다.

'기록해야 할 것이 있다면 간다', 늘 그렇게 생각하며 사람들을 취재했다. 이번 역시 같았다. 담아야 할 폭력, 남겨야 할 이야기가 있었다. 9월에 그 첫 장을 기록했다. 그렇다면 그다음 장도, 그다음 장도 기록해야 한다. 죽이 되든 밥이 되든.

그 날 나는 한 주 내내 고민하던 홍콩 행 비행기 티켓을 끊었다.

10月 5日, 홍콩 국제 공항

'최근의 기물 파손 사태로 지하철 운행을 중단합니다.'

10월 5일, 1달 만에 돌아온 홍콩 공항. 그곳에서 나를 제일 먼저 반긴 것은 굳게 닫힌 공항 철도였다. 공항 철도가 운행을 정지했다. 그뿐만이 아니었다. 모든 지하철이 운행을 정지했다. 홍콩의 핵심 교통수단이 완전히 멈췄다.

도착하기 하루 전이었던 10월 4일, 홍콩 정부는 격해지는 시위를 진정시키기 위해 '복면 금지법(Anti Mask Law)'을 만들어 시행한다고 발표했다. 복면 금지법에 따르면 시위에서 마스크를 쓰는 게 금지되고 이를 어길 경우 최대 징역 1년 형에 처할 수 있다. 홍콩 시위대가 가만히 있을 리 없었다. 10월 4일 밤부터 10월 5일 아침까지, 홍콩 전역에서 시위가 터져 나왔다. 수많은 도로가 막히고 대부분의 지하철역이 시위대에게 공격당했다. 결국 홍콩의 지하철 회사 MTR은 10월 5일 새벽 모든 MTR 운행을 정지했다. 홍콩 지하철 역사 40년 만에 처음 있는 일이었다.

한 나라의 지하철이 모두 멈추는 날이 올 거라고 누가 상상이나 했을까. 덕분에 시작부터 공항에 발이 묶였다. 편하게 이동해보겠다고 사온 MTR 프리 패스도 휴짓조각이 됐다. 비행기를 타고 오면서 현장이 어떨까 걱정 반, 고민 반이었는데, 걱정이 고스란히 현실이 됐다.

· · ·

MTR이 멈춘 도시는 조용했다. 거리는 9월 때보다 사람이 훨씬 적었고 가장 붐벼야 할 침사추이나 센트럴 인근도 사람들이 많지 않았다. 지하철을 타지 못하는 시민들이 버스 정류장에 긴 줄을 서 있기는 했지만 그뿐이었다. 주요 쇼핑몰, 은행도 대부분 문을 닫았다.

시위대 역시 숨을 돌리기로 한 모양이다. 텔레그램 방에 있는 시위대는 10월 5일을 '전민 휴식일(全民 休息日)'이라고 이름 붙이며 휴식을 취하는 날로 정했다. 전날 오후부터 당일 새벽까지 충돌이 이어졌던 만큼 재정비의 시간이 필요하다는 판단이었다. MTR이 운행을 멈춘 만큼 시위대가 모이기도 쉽지 않았을 것이다. 어떤 시위자는 이를 '죽은 도시 전략(Dead City Strategy)'이라고 부르기도 했다. 도시를 멈추게 하는 것이 자신들의 의사를 전달하는 또 하나의 방법이라고 생각하는 것 같았다. (대부분의 텔레그램 대화가 광둥어다 보니 딱 여기까지 이해했다. 구글 번역기가 더 좋았거나 광둥어를 배워뒀으면 더 좋았을 텐데, 여러모로 아쉬운 순간이었다.)

주요 시위는 휴식기를 가졌지만, 소규모 평화 시위는 여전히 홍콩 전역에 걸쳐 열렸다. 네이선 거리에는 침사추이부터 선수이부(Sham Shui Po)까지 인간 고리가 만들어졌다. 사람들은 서로의 손을 잡고 복면 금지법 반대와 5대 요구를 외쳤다.

코즈웨이 베이(Causeway Bay) 인근에는 복면 금지법을 반대하는 '홍콩인 반항(香港人 反抗)' 거리 행진이 있었다. 참여자는 어림잡아 천여 명 정도였다. 시위대는 '홍콩의 영광이 돌아오길'(我願榮光歸香港)이라고 써진 큰 현수막을 들고 거리를 행진했다.

다시 돌아왔다.
홍콩의 중심, 홍콩 시위의 중심에.

SOGO에서 출발한 시위대는 차터 가든 인근까지 행진을 하고 간단한 마무리 구호를 외친 후 해산했다. 9월 시위 이후, 한 달. 그렇게 다시 차터 가든에 돌아왔다. 그때의 기시감과 함께, 9월과는 사뭇 다른 현장의 분위기가 낯설었다.

뜨거운 열기로 가득했던 그 날과 달리 10월 5일의 차터가든은 공허하고 차가웠다. 9월 시위의 마지막 장면과 이어지기라도 하듯, 센트럴 역은 철문으로 굳게 닫혀 있었다. 닫힌 센트럴 역을 보며 다시 돌아왔다는 게 실감이 났다.

밤이 되자 도시는 정말 죽은 것 같이 조용해졌다. 24시간 운영되어야 할 세븐일레븐은 오후 5시를 기점으로 모두 문을 닫았다. 지나가는 차들 이외에 사람은 거의 보이지 않았다. 시위대도, 경찰도 새벽의 긴 싸움 이후 잠시 이빨을 감추었다. 그러나 도시의 공기는 여전히 긴장감으로 가득했다. 다음 날은 복면 금지법 시행 이후 첫 주말 시위였다. 각종 커뮤니티와 미디어에서는 이날 큰 충돌이 있을 것이라는 예측을 내놓았다. 가지고 간 안전모와 방독 마스크를 한 번 더 정리했다. 시위를 앞둔 늦은 밤의 고요는 그야말로 폭풍전야였다.

10月 6日, 홍콩 SOGO

10월 6일 일요일, 홍콩 전역에 비가 쏟아졌다. 새벽 내내 무거웠던 하늘은 그 무게를 버티지 못하고 빗물을 떨궜다. '적당히 내리다가 그치겠지'라는 나의 바람과 달리, 오후가 되어도 비는 그칠 생각이 없었다. 아무 생각 없이 우산을 들고 왔던 나는 스스로의 멍청함을 탓했다.

우산을 들면 카메라를 못 드는 게 너무나 당연한 것을, 바보같이 우비가 아닌 우산을 챙겨왔다. 결국 근처 편의점에서 우비 2개를 구매해 하나는 몸에 걸치고 다른 하나는 카메라를 덮었다. 비 오는 날에 촬영을 해본 적이 없는 터라 긴장이 많이 됐다.

나와 달리 우산을 상징으로 삼고 있는 시위대에게 비는 큰 문제가 아니었다. 쏟아지는 비에도 불구하고 SOGO에는 사람들이 속속 모여들었다. 다들 우산과 우비로 완전무장한 상태였다. 오랜 시위 속에서 다져진 상황 대처 능력이 남달랐다.

이윽고 오후 1시 반이 되자 수천 개의 우산이 SOGO를 뒤덮었다. 그 아래는 검은 옷의 시위대 물결이 출렁였다.

텔레그램을 통해 언론 속보가 속속 올라왔다. 구룡 반도 침사추이에서도 비슷한 시위 행렬이 만들어지고 있었다. 본래는 SOGO 시위만 예정되어 있었지만 주요 지하철역이 모두 막혀버리자 그쪽에서도 자체적으로 시위를 진행하게 됐다고 한다. 그렇다면 지금 SOGO에 모인 사람들은 사실상 홍콩섬의 사람들만 모인 게 된다.

좋지 않은 날씨와 불편한 교통편까지, 최악의 조건임에도 불구하고 많은 사람들이 시위 현장에 모습을 드러냈다. 복면 금지법에 대한 홍콩 시민들의 불안과 분노가 어느 정도인지 느끼게 해준 순간이었다.

이윽고 거대한 우산의 물결이 앞으로 나아가기 시작했다.
또 한 번, 홍콩의 시위행진이 시작됐다.

9월의 시위에는 열기가 가득했던 반면, 10월의 시위에는 분노와 슬픔, 우울감이 자리하고 있었다. 우중충한 날씨 때문에 더 그렇게 느낀 것일 수도 있겠지만, 확실히 한 달 사이에 분위기가 바뀌었다.

9월 말에는 인도네시아 기자가 고무탄에 맞아 한쪽 눈을 잃었고 10월 1일에는 시위대 중 한 명이 총에 맞았다. 10월 4일에는 복면 금지법까지 시행됐다. 기자도, 시위대도, 시민들도 점점 안전하지 않은 환경에 내몰리고 있었다. 오랜 시위 속에서도 상황이 점점 악화되고 있다는 것을 시위대도 느끼고 있었다.

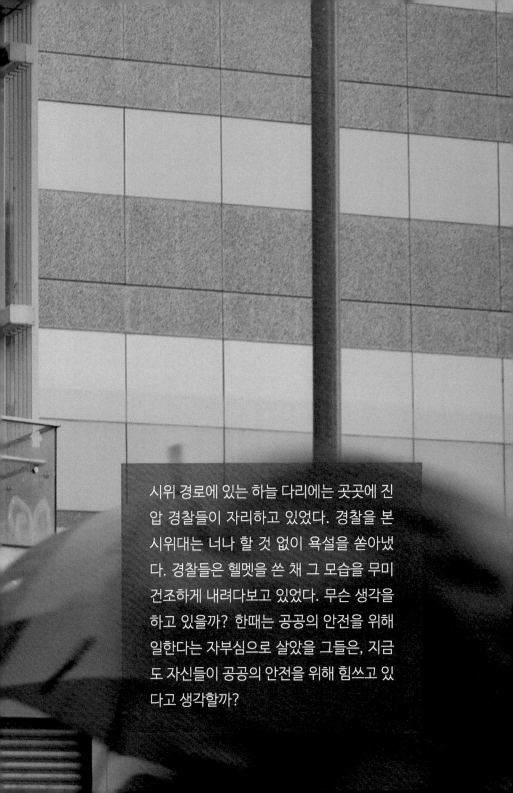

시위 경로에 있는 하늘 다리에는 곳곳에 진압 경찰들이 자리하고 있었다. 경찰을 본 시위대는 너나 할 것 없이 욕설을 쏟아냈다. 경찰들은 헬멧을 쓴 채 그 모습을 무미건조하게 내려다보고 있었다. 무슨 생각을 하고 있을까? 한때는 공공의 안전을 위해 일한다는 자부심으로 살았을 그들은, 지금도 자신들이 공공의 안전을 위해 힘쓰고 있다고 생각할까?

길 한쪽에는 '홍콩의 영광이 돌아오기를'이라고
쓰여진 큰 현수막이 바닥에 놓여 있었다. 쏟아지
는 비 가운데 놓여 있는 '홍콩의 영광'이라는 글
자가 지금의 홍콩을 보여주는 듯 했다. 한 중년의
남성은 자리에 우두커니 서서 그 현수막을 내려
다보고 있었다. 사진을 찍던 나는 그와 눈을 마주
쳤다. 지금도 그의 눈빛을 기억한다. 피로로 가
득한, 깊고 침울한, 많은 것을 잃은 것 같은 눈.
그는 그렇게 하염없이 현수막 앞에 서 있었다.

본래 시위는 차터 가든까지 행진을 하는 것이 계획이었지만, 목적지에 도착하고도 시위대는 멈추지 않았다. 차터 가든을 끼고 큰 원을 그린 시위대는 다시 코즈웨이 베이 쪽으로 발을 옮겼다. 도로를 점거하고 행진을 이어가던 시위대는 퍼시픽 플레이스(Pacific Place) 인근에서 멈춰 섰다. '왜 갑자기 멈추지?'라고 생각하던 찰나, 주변 기자들이 방독 마스크와 안전모를 쓰기 시작했다.

이윽고 시위 행렬 전체에 흩어졌던 전선시위대가 속속 모여들었다. 검은 옷을 입은 수백 명의 전선 시위대가 주변 길목에 바리게이트를 치기 시작했다. 일부는 도로에 있는 보도블록을 뒤집어 꺼낸 후 던지기 좋게 부숴 한쪽에 쌓아놓았다. 몇 명은 가방에서 화염병을 꺼냈다.

옆에 있는 기자들에게 무슨 일인지 물었다. 그러자 기자는 퍼시픽 플레이스 건너편 방향에 있는 큰 건물 하나를 가리키며 말했다.

"저기 저 건물이 홍콩 경찰 본부에요. 아무래도 충돌이 있을 것 같아요."

10월: 十月 93

시위대가 홍콩 경찰 본부 앞에 눌러앉자 건물에서 확성기 소리가 들리기 시작했다. '시위대는 어서 해산하라'는 내용이었다. 애초에 시작부터 불허된 시위였다. 최루탄이 언제 발사되어도 이상하지 않은 상황. 나 역시 급히 방독 마스크와 보안경, 안전모를 착용했다.

시위대 사이에 묘한 긴장감이 흘렀다. 현장에는 전선 시위대가 아닌 일반 시민들도 있었다. 전선 시위대는 그들에게 빠져나가라는 손짓을 보냈지만, 시민들은 자리를 지키며 '5대요구 결일불가', '폭도는 없고 폭정만 있다' 등등의 구호를 외쳤다.

"펑! 펑!"

그 순간, 어디선가 발포음이 들렸다. 이윽고 작은 최루탄 탄알 5~6개가 거리에 쏟아졌다. 탄알들이 내뿜은 최루탄 가스가 주변에 차올랐다. 구호를 외치던 시민들은 비명을 지르며 물러났다. 전선 시위대는 탄알을 찾아 물을 뿌리거나 경찰 본부 쪽으로 되던졌다. 가스가 몸에 닿자 피부가 따끔거렸다.

"펑! 펑!"

연기가 걷힐 즈음, 10여 개의 최루탄 탄알이 다시 날아왔다. 이렇게 있다가는 안 되겠다 싶어 뒤로 몸을 피했다. 거리는 최루탄 구름으로 덮여 있었다. 전선 시위대 10여 명이 방독 마스크를 쓰지 않은 일반 시민들을 대피시키고 있었다. 그사이 다른 시위대는 떨어진 탄알을 정리하기 위해 분주히 움직였다.

"펑! 딱!"

발포음과 함께 무언가 내 머리를 때렸다. 깜짝 놀라 고개를 들었다. 갑자기 주변이 연기로 차기 시작했다. 옆에 있던 기자들이 황급히 물러났다. 누군가 내 근처에 떨어져 있던 탄알을 주워 다시 경찰에게로 던졌다. 순식간에 일어난 일이었다.

무슨 일이 일어났는지 이해하기까지는 약간의 시간이 필요했다. 방금 최루탄 탄알을 맞은 거였다. 그것도 머리에. 최루탄 탄알은 포물선으로 떨어지기 때문에 위험하지는 않다. 총을 맞은 느낌보다는 날아오는 돌을 맞은 느낌이었다. 하지만 머리에 무언가 맞았을 때 순간적으로 가슴이 철렁하긴 했다. 9월에 눈을 잃은 기자의 모습이 머리를 스쳤다. 등에 식은땀이 흘렀다. 정신을 바짝 차려야겠다 싶었다.

2019 홍콩 시위: 3달의 기록

최루탄 세례가 이어지는 가운데, 일반 시민들이 모두 대피하자 전선 시
위대는 경찰들이 자리 잡고 있는 구름다리 뒤까지 후퇴해 우산 바리게
이트를 쳤다. 그 사이 경찰차 몇 대가 현장에 도착했다. 이윽고 눈앞에
진압 경찰 수십 명이 대열을 만들기 시작했다.

경찰은 방독면과 고무탄총, 최루탄총으로 무장한 상태였다. 불타고 있
는 바리게이트 앞에 서 있는 그들의 모습은 마치 전쟁터 속 군인 같았다.

경찰이 줄기차게 쏘는 최루탄의 피해는 인근 상가와 행인을 가리지 않
았다. 최루탄 가스가 거리에 퍼질 때마다 지나가던 사람들은 얼굴을 수
건으로 감싸며 자리를 피했다. 응급구조원들은 바쁘게 움직이며 피해를
입은 사람들의 얼굴에 세척액을 뿌려주었다.

그사이 다른 자원봉사자들은 시민들이 현장을 탈출할 수 있게 길을 안
내해주었다. 최루탄에 노출된 사람들은 경찰을 손가락질하며 화를 냈지
만 경찰은 말 없이 'Warning, Tear gas'라고 써진 큰 피켓을 머리 위로
들어 올릴 뿐이었다.

한 행인은 최루 가스에 너무 많이 노출되어 호흡 곤란으로 기절하기도 했다. 다행히 바리게이트의 불을 끄러 온 119가 기절한 행인을 발견하고 응급조치를 한 후 구급차를 불렀다.

주변 시민들은 기절한 행인을 보호하며 팔과 다리를 주물러주었다. 다들 매운 최루 가스에 기침을 하거나 눈물을 흘렸지만, 자리를 뜨지 않고 쓰러진 행인을 도우며 구급차를 기다렸다.

한편 시위대와 경찰의 줄다리기는 1시간 가까이 계속되었다. 그 사이 현장에 떨어진 최루탄만 수십여 개였다. 결국 먼저 지치는 건 시위대였다. 최루탄을 쏘며 천천히 포위망을 좁히기만 하면 되는 경찰과 달리, 시위대는 끊임없이 분주하게 움직여야 했다. 경찰 역시 그 부분은 잘 알고 있었다.

4시쯤이었을까 5시쯤이었을까, 긴 줄다리기를 끝내기로 결심한 듯 경찰들이 간격을 뚫고 밀려 내려오기 시작했다.

경찰이 작정하고 들어오자 중간에 세워져 있던 바리게이트는 무용지물이었다. 우산을 펼치고 버티던 시위대는 쏟아져 내려오는 경찰에 황급히 물러서며 후퇴하기 시작했다.

전선시위대가 일선에서 싸우는 존재라고는 하지만, 결국 그들의 손에 들려진 것도 우산, 화염병, 벽돌이 전부다. 고무탄, 최루탄, 빈백탄, 곤봉, 실탄까지, 온갖 무기들을 둘러치고 있는 경찰들을 어찌할 도리가 없었다. 애시당초 게임이 안 되는 싸움이다.

경찰은 그 모습을 취재하려는 기자들을 밀치며 가까
이 오지 말라고 연신 손가락질을 했다. 어떤 경찰은 페
퍼 스프레이를 기자에게 들이밀었다. 사진을 촬영하
려는 기자와 경찰 사이에 실랑이가 이어졌다.

경찰들의 일격에 시위대는 속수무책으로 쓰러졌다. 시위자 한 명에 4~5명의 경찰이 달려들었고 여기저기서 시위자들이 붙잡혔다. 조금이라도 더 버티려 하던 이들 역시 곧 땅에 눌려 수갑이 채워졌다.

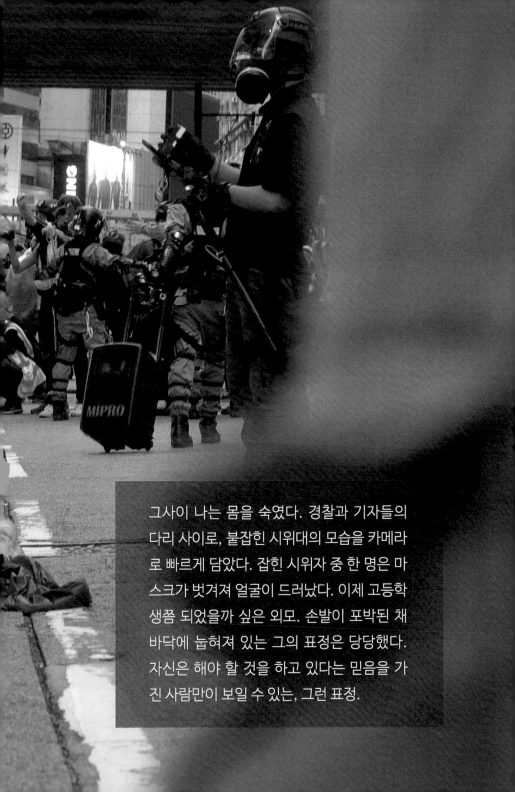

그사이 나는 몸을 숙였다. 경찰과 기자들의
다리 사이로, 붙잡힌 시위대의 모습을 카메라
로 빠르게 담았다. 잡힌 시위자 중 한 명은 마
스크가 벗겨져 얼굴이 드러났다. 이제 고등학
생쯤 되었을까 싶은 외모. 손발이 포박된 채
바닥에 눕혀져 있는 그의 표정은 당당했다.
자신은 해야 할 것을 하고 있다는 믿음을 가
진 사람만이 보일 수 있는, 그런 표정.

후퇴한 시위대는 경찰을 피해 계속 코즈웨이 베이 쪽으로 움직였다. 한참을 피해 틴하우(Tin Hau)역까지 온 시위대는 더 이상의 시위가 무의미하다고 판단했는지 자연스럽게 흩어졌다. 일부 시위대는 택시와 버스를 타고 구룡섬 쪽으로 이동했다. (구룡섬으로 이동하는 시위대는 저녁에 있는 몽콕 쪽 야간 시위에 합류하는 경우가 많았다.)

이제 안심해도 되겠다는 느낌이 들어 몇 시간 동안 쓰고 있던 마스크를 벗었다. 시원한 공기가 얼굴을 반겼다. 크게 심호흡을 했다. 최루 가스가 없는 맑은 공기였다. 현장에서 벗어났다는 느낌이 들자 긴장이 풀렸다. 생각해보니 시위대와 함께 움직이느라 거의 10km를 걸었다. 쏟아지는 피곤함에 다리에 힘이 풀렸다. 결국 역 입구 옆에 걸터앉아 벽에 몸을 기댔다.

"괜찮아요?"

쉬고 있는 나를 누군가 톡톡 건드렸다. '뭐지'하는 생각에 안전모를 들어 올려 앞에 서 있는 사람을 올려다보았다. 응급구조원이었다. 힘없이 앉아 있는 나를 보고 혹 환자인가 싶어 다가온 것이었다. 머쓱하게 웃으며 '괜찮다'고 답했다. 손전등으로 내 눈과 피부를 살펴본 그는 어깨를 몇 번 치며 고개를 끄덕였다. 떠나기 전 그가 마지막으로 한 말이 기억난다

"You look tired. Eat something. It was a long day."
(피곤해 보여요. 뭐라도 먹어요. 긴 하루였네요.)

맞아. 긴 하루였다. 게다가 정신이 없어 아침 식사 이후로는 한 끼도 먹지 않았다. 그때야 배고픔을 느꼈다. 뭐라도 먹을까 싶어 일어나니 현장에 남은 사람들의 모습이 보였다.

시위대가 흩어지고 남은 곳에는 대부분 기자들이 있었다. 여기저기 걸터앉아 있는 기자들은 사진을 보정하거나 기사를 쓰는가 하면, 새로운 사건과 정보를 찾아 텔레그램을 뒤지고 있었다. 일부는 잠깐의 소강기를 틈타 길거리에서 식사를 하고 있었다.

홍콩섬 시위대와 경찰의 싸움은 일단락되었지만, 기자들의 싸움은 여전히 진행 중이다.

마음 같아서는 구룡섬으로 넘어가 몽콕 쪽을 취재하고 싶었지만 몸도 다리도 너무 지쳐 있었다. 무엇보다 배가 너무 고팠다. 결국 숙소로 돌아가기로 결정했다. 스스로의 한계를 잘 알고 있었다. 이 이상은 무리였다. 호텔까지는 5km 남짓, 버스 노선은 뒤죽박죽이라 타기도 애매한 상황이었다

"그래 10km도 걸었는데 5km를 못 걸을까, 걷자."

숙소로 돌아가는 길, 시위 현장을 다시 지나쳤다. 여기저기 널브러진 벽돌과 쓰레기더미들, 화염병 조각들이 보였다. 처음 시위대가 바리게이트를 친 벽에는 누군가 쓴 그라피티 하나가 자리하고 있었다.

'Injustice anywhere is a threat to justice everywhere'
(한 곳의 불의는 모든 곳의 정의를 위협한다)

그 문장이 하루를 복기하게 해주었다. 작은 골목에서 일어난 충돌, 작은 섬에서 일어난 공권력의 폭력. 그 불의가 지엽적인 문제로 치부되고 방치되었을 때 세상의 정의는 조금씩 허물어진다. 정의가 물결처럼 퍼지듯, 불의 역시 물결처럼 퍼질 수 있다. 그것을 막기 위해서는 기록하고 알려야 한다. 기록되지 않고 남겨지지 않은 불의는 상처를 남기지 않은 폭력처럼 가해자 없는 피해자를 만들어낸다. 그러니 끈질기게 기록해 그 폭력의 기원을, 그 폭력의 모습을 담아내야만 한다. 그래야만 불의의 물결을 멈출 수 있다.

그날 그 문구를 보며 마음을 정했다. 힘닿을 때까지 홍콩에 다시 돌아오
겠다고. 기록하겠다고. 내 기록이 단 한 사람의 마음이라도 움직인다면,
그것으로 충분하다고.

배경 정보 QnA, 02

Q. 2019년 10월 1일 시위에서는 무슨 일이 있었나요?

A. 10월 1일은 중국 건국일입니다. 특히 2019년 건국일은 중국 건국 70주년이었기 때문에 중국에서도 큰 의미가 있는 날이었습니다. 홍콩 시위대는 이에 대항하여 이날을 '국가 애도의 날'로 명명하고 거리 행진 시위를 벌입니다. 윙타이신(Wong Tai Sin), 툰먼(Tuen Mun), 취안 완(Tsuen Wan), 샤텐(Sha Tin), 선수이부(Sham Shi Po) 등 홍콩 전역에서 시위가 일어납니다.

하지만 이날의 시위는 불허된 시위였기 때문에 경찰은 시위를 해산시키기 위해 나섰고, 양측의 충돌이 격화되는 가운데 18살의 고등학생 시위자가 경찰의 실탄에 맞게 됩니다. 4개월간 이어진 시위 과정에서 시위자에게 살상 무기가 사용된 것은 이때가 처음이었습니다. 더불어 10월 1일 하루에만 180여 명이 체포됩니다.

Q. 복면금지법(Anti Mask Law)이 정확히 무엇인가요?

A. 복면금지법은 시위(허가 시위, 불법 시위 모두 포함)에서 복면이나 마스크를 쓰는 것을 금지하는 법입니다. 이 법에 따르면 시위에서 마스크 등으로 얼굴을 가릴 경우 징역 1년 형에 처하거나 최대 2만 5천 홍콩 달러(한화로 약 370만원)의 벌금을 내야 합니다. 또 공공장소에서 복

면을 벗으라는 경찰의 지시에 불응하면 6개월 이하의 징역형에 처하거나 최대 1만 홍콩 달러(한화로 약 150만원)의 벌금을 내야 합니다.

본래 홍콩의 법은 입법회에 상정된 후 통과되어야만 시행될 수 있습니다. 하지만 홍콩 행정 장관 캐리 람은 긴급법(Emergency Regulations Ordinance)에 의거해 입법회를 통하지 않고 법을 만든 후 10월 5일 0시에 이 법을 시행합니다. 2019년 11월 18일, 홍콩 고등법원은 이 법이 위헌이라고 결정을 내렸습니다.

Q. 입법회를 통하지 않고 법을 만들어 시행한다는 게 어떻게 가능하죠? 그걸 가능하게 한 긴급법은 대체 뭔가요?

A. 홍콩 긴급법은 1922년 영국 식민지 시절에 만들어진 법입니다. 이 법은 '공공의 위험이 있거나 비상사태'일 때 행정 장관이 '공공의 이익을 위한 법을 무엇이든 만들 수' 있게 합니다. 긴급법에 따르면 행정 장관은 이 법을 활용해 체포, 재산 동결, 국외 추방, 대중교통 및 항구 통제, 미디어와 출판물 검열을 할 수 있습니다. 이 법은 홍콩 반환 이후 단 2번 활용됐습니다. 1967년과 1973년이었죠. 때문에 2019년에 이 법을 사용한 것은 굉장히 이례적인 일이었습니다.

Q. 홍콩 시위대는 왜 지하철을 공격하고 지하철 기물을 파괴하는 건가요? 지하철은 왜 공격당하고 있는 거죠?

A. 홍콩의 지하철, MTR(Mass Transit Railway)은 본래 시위대의 공격 대상이 아니었습니다. 8월 이전까지 MTR은 대규모 시위 때마다 운

행을 연장하거나 차량을 추가하며 시위대 운송에 많은 힘을 쏟았다고 합니다. 그러던 중 8월 말, 중국 공산당의 대변 매체라고 알려진 언론사 People's Daily에서 MTR이 '폭도들이 도망갈 수 있게 돕고 있다'는 내용의 기고를 냅니다.

이후 MTR은 시위가 일어나는 장소의 지하철역에 정차하지 않거나 역을 닫는 등 태도를 바꾸기 시작합니다. 이를 경험한 시위대는 MTR이 정부의 이익을 위해 움직인다며 지하철 회사에 비판적인 입장을 취하게 됩니다.

무엇보다도 MTR은 홍콩 정부가 지분의 75%를 소유하고 있는 회사이며 중국 본토에서 여러 사업을 하고 있기도 합니다. 때문에 MTR에 대한 공격은 홍콩 정부, 나아가 중국 정부를 향한 공격이기도 합니다.

MTR을 공격하는 것에 대한 시민들의 반응은 양분되어 있습니다. 어떤 시민들은 MTR을 공격하는 것이 홍콩 정부에 시민들의 의사를 전달하기 위한 효과적인 시민 불복종 운동이라고 말하는 반면, 다른 시민들은 지하철을 공격하는 것이 시민 전체를 불편하게 만들고 있다며 반대 의사를 표출하기도 했습니다.

11월：十一月

十一月

11월 중순이 되자 홍콩 시위의 지형도가 바뀌었다. 주로 거리에서 벌어
지던 시위가 대학교 안까지 번진 것이다. 변화의 기원은 홍콩중문대학
사태였다. 11월 12일, 경찰이 홍콩중문대학에 진입하려 하자 경찰 진
입을 저지하는 학생들과 경찰의 싸움이 시작되었다.

학생들은 학교 입구에 바리게이트를 쳤고, 경찰은 이를 뚫고 학교에 진입하기 위해 수백 발의 최루탄과 고무탄을 발사했다. 시위대는 불화살, 새총, 화염병으로 응대했다. 며칠간 이어진 싸움은 중세 시대의 요새전을 방불케 할 만큼 치열했다.

이후 홍콩 전역의 대학교에서 비슷한 공성전이 시작되었다. 홍콩대학교(University of Hong Kong), 홍콩시립대학교(City University of Hong Kong), 홍콩침례대학(Hong Kong Baptist University), 곳곳에 바리게이트가 세워졌다. 각 학교에 모인 전선시위대는 매일 밤 경찰들과 싸우며 학교를 지켰다. 하지만 싸움은 오래가지 않았다. 공성전이 시위의 유연함에 방해가 된다는 시위대 사이의 의견 차이, 교통이 불편해졌다는 주변 시민들의 항의, 경찰의 진압에 따른 후퇴 등, 다양한 이유로 학교들은 하나씩 정리되었다.

결국 마지막으로 남은 학교는 침사추이 부근에 있는 홍콩이공대학(The Hong Kong Polytechnic University)이었다. 시위대는 이공대학을 최후의 보루라고 부르며 절대 사수의 의지를 다졌다. 기자들 사이에서는 며칠 안에 경찰의 진압 작전이 시작될 것이라는 예측이 돌았다.

양측의 긴장감이 최고조에 달하던 그때, 나는 홍콩 땅을 다시 밟았다.

• • •

11月 15日, 홍콩 몽콕

한 기자가 이런 말을 한 적이 있다. '모든 홍콩 시위의 종착지는 몽콕 (MongKok)'이라고. 그만큼 몽콕은 지난 6개월간 충돌의 중심에 있었다. 낮에 시위가 있든 없든, 어디서 시위가 벌어지든, 밤이 되면 시위대는 몽콕으로 모여든다.

15일 저녁도 그랬다. 저녁이 되자 중심 거리의 가게들이 너나 할 것 없이 문을 닫았다. 밤 9시가 조금 넘은 시간, 검은 옷을 입은 수백 명의 전선 시위대가 몽콕의 도로에 나타났다. 시위대는 보도블록을 부수고, 벽돌과 쓰레기, 대나무로 도로를 점거했다. 일사불란한 수백 명의 움직임 가운데 순식간에 바리게이트가 세워졌다. 그 사이 망을 보는 시위대는 망원경으로 경찰의 동태를 주시했다.

시위자 중에는 이제 중학생쯤 되어 보이는 어린 청년들도 존재했다. 자기 몸보다 큰 판자를 들어 도로를 막는 그 모습이 마음을 무겁게 했다.

'저 어린 나이에 거리에 나온다고?'라고 생각할지 모르지만, 실제로 전선시위대 중 많은 수가 10대다. 그들에게 이 문제는 자신의 남은 인생이 걸린 문제다. 지금 거리에 나와 변화를 촉구하지 않으면 온전한 자유, 인권이 보장된 자신들의 미래가 사라져버리기 때문이다. 잡혀가고, 총을 맞고, 인체에 유해한 최루탄을 마셔가면서도 그들이 멈추지 못하는 건 이 때문이다.

무엇보다 그들은 이미 그 문제를 눈앞에서 마주하고 있다. 시위에 참여한 10대 청년들이 총에 맞고, 경찰에게 폭행당하고 있다. 체포된 이들도 많다.

대학생들도 상황은 다르지 않다. 11월 11일 21살 대학생이 경찰의 실탄을 맞아 병원에 실려 갔고 중문대학은 며칠 동안 전쟁터가 됐다. 그들은 이미 폭력에 노출되어 있었다. 홍콩의 청년들에게 작금의 상황은 미래의 걱정이 아닌 현재의 위협이다.

얼마 지나지 않아 경찰 사이렌이 들렸다. 망을 보고 있던 시위대가 크게 휘슬을 세 번 불렀다. 바리게이트를 치던 시위대는 휘슬 소리를 듣자 순식간에 자취를 감췄다. 경찰이 도착했을 때 현장에는 벽돌과 쓰레기더미만 덩그러니 남아 있었다.

이 풍경이 익숙한 듯 경찰들은 방패로 벽돌들을 정리하기 시작했다. 물론 익숙한 것과 화가 나는 건 별개였다. 출동한 경찰들은 다분히 신경질적이었다. 거친 동작으로 바리게이트를 처리한 경찰들은 잠시 현장을 머물다가 이내 차를 타고 다른 지역으로 이동했다.

경찰이 떠나고 5분쯤 흘렀을까? 전선 시위대가 다시 거리로 나와 바리게이트를 치기 시작했다. 아까보다도 더 높고, 더 넓었다. 이런 식으로 시위대는 네이선 거리 전역을 어지럽혔다. 일명 톰과 제리 전략(Cat and Mouse Tactic), 게릴라성으로 몽콕 주변을 어지럽혀 경찰을 분주하게 만드는 전선시위대의 전략이었다. 이 숨바꼭질은 저녁 10시부터 새벽 2~3시까지 몇 시간 동안 반복됐다.

얼핏 보기에는 마구잡이 화풀이로 보이지만 사실 그들의 움직임은 다분히 전략적이다. 대학교에서 공성전이 벌어지고 있는 지금, 학교에 경찰이 집중된다면 대학교 내 시위대는 버티기가 어려워진다.

때문에 몽콕 쪽의 전선시위대는 네이선 거리를 활보하며 경찰력을 분산시키는 것이다. 전선시위대 사이의 커뮤니티는 상당히 유기적이고 체계적이었다.

밤 11시, 술래잡기를 하던 경찰과 시위대 사이에 충돌이 시작되었다. 경찰이 내려오는 걸 확인한 시위대는 우산을 펼치며 도로 중간에 눌러앉았고, 경찰은 시위대를 해산시키기 위해 최루탄을 쏘아대기 시작했다. 시위대 역시 바리게이트에 불을 놓고 화염병을 던지며 응수했다.

몽콕 역 부근에서 시작된 줄다리기는 계속 이어졌고, 시위대는 야우마테이(Yau Ma Tei)역 부근까지 다다랐다. 두 집단은 그렇게 몇 시간 동안 네이선 거리를 오르내렸다. 그야말로 톰과 제리였다.

새벽 1시 반, 몇 시간 째 쏟아지는 최루탄과 고무탄에 지쳐 안쪽 골목으로 몸을 피했다. 중앙 도로에서 몇 블록 벗어나 마스크와 헬멧을 벗었다. 꽤 쌀쌀한 날씨였는데 얼굴이 땀으로 흥건했다. 숨을 돌리며 주변을 둘러보았다. 조용했다. 안쪽 골목으로 들어왔을 뿐인데 동네가 평화로웠다. 24시간 운영하는 식당들은 가게 문을 활짝 열어놓고 손님들을 받았다. 술집에서는 사람들이 술을 마시며 밤을 보내고 있었다. 가게에서는 잔잔한 재즈 음악이 흘러나왔다.

기분이 이상했다. 길어야 2~300m. 그 간격을 사이에 두고 시위와 일상이 공존하고 있다. 중심 도로에서 버티고 있는 수백 명은 인생을 걸고 화염병을 들었는데, 단 300m 옆에서 술을 마시며 담소를 나누는 그들의 모습이 왜인지 모르게 기묘하게 느껴졌다. 하지만 생각해보면 그럴 수밖에 없었다. 이곳은 그들의 터전이자 집이니까. 우리가 촛불시위에 모든 일상을 바치지 않았듯, 그들도 그들의 삶을 살아갈 뿐이었다.

문득 한 시위대가 페이스북에 남긴 포스팅이 떠올랐다.

'새벽까지 시위를 벌이다가도 낮이 되면 친구들과 만나 쇼핑을 해요. 두 삶의 온도 차가 너무 커서 스스로도 혼란스러워요.'

'Life goes on'이라 했던가. 5개월간 이어진 지칠 줄 모르는 시위 속에서도 시민들의 삶은 계속되고 있다. 그들이 무슨 감정일지 가늠해보았다. 아침 출근길, 우리 집 앞마당에 최루탄 가스와 화염병 연기가 피어오른다면 무슨 느낌일까? 솔직히 가늠이 되지 않았다. 외부인은 느낄 수 없는 감정이었다.

"깡! 깡! 깡!"

시위대 쪽에서 날카로운 쇳소리가 들렸다. 누군가 쇠파이프로 전봇대를 두들기고 있었다. 경찰을 유도하는 소리였다. 다시 마스크를 쓰고 현장으로 뛰어갔다. 그 마음을 가늠할 수 없는 외부인이 할 수 있는 최선은 기록이었다.

배경 정보 QnA, 03

Q11월, 홍콩에는 어떤 일들이 있었나요?

2019년 11월 4일-11월 8일

11월 4일, 과기대 학생이자 시위 참여자 중 한 명인 차우츠록이 Sheung Tak Estate 주차장 3층에서 떨어집니다. 당시 경찰이 인근에서 최루탄을 발사해 시위대를 해산시키는 중이었습니다. 정확히 어떤 경위로 건물에서 떨어진 것인지는 명확히 밝혀지지 않았습니다. 그러나 많은 시민이 차우츠록의 죽음에 경찰이 연관되어 있을 것이라고 주장하며 경찰의 폭력적인 진압을 비판합니다. 11월 8일, 차우츠록은 병원에서 심장마비로 사망합니다. 수많은 애도의 물결이 일어나게 됩니다.

2019년 11월 11일

차우츠록의 추모 시위가 있었던 사이완호 지역에서 경찰이 한 시위 참가자에게 권총 3발을 발사합니다. 당시 현장의 모습을 담은 영상을 보면, 시위자는 어떠한 무장도 하고 있지 않았습니다. 중태에 빠진 시위자는 인근 병원으로 후송돼 총탄 적출 수술을 받습니다. 11월 8일 차우츠록의 사망 소식에 이어 경찰의 실탄 발사 소식이 전해지자 홍콩 전역이 들끓기 시작합니다. 곳곳에서 시위가 터져 나왔습니다.

2019년 11월 12일

홍콩 중문 대학에 경찰이 진입을 시도하면서 학교를 사수하려는 경찰과 시위대 사이의 치열한 공방전이 벌어집니다.

12일 하루에만 최소 1,567개의 최루탄과 1,312개의 고무탄, 380개의 빈백탄이 발사됩니다. 무려 142명이 체포되고 그중에서는 14살 청년도 있었습니다. 추후 경찰은 공식 발표를 통해 학교가 화염병 등 시위에 사용되는 불법 무기를 만드는 공장이 되고 있다며 학교 진입 시도를 정당화합니다.

이날을 시작으로 전국에 있는 여러 대학교가 전선시위대의 거점이 됩니다. 여러 학교에 바리게이트가 세워지고 학교에 진입해 시위대를 진압하려는 경찰과 학교를 사수하려는 학생들 사이의 싸움이 이어집니다.

11月 16日, 홍콩 이공대학

16일, 저녁 10시 반, 홍콩 경찰들이 이공대학 앞에 진을 쳤다. 대학에 진입해 시위대를 해산시키기 위함이었다. 이공대학은 외각에 있는 다른 학교들보다 더 경찰의 눈엣가시다. 현시점에서 유일하게 정리가 되지 않은 학교이기도 하지만, 무엇보다도 시위대가 학교 옆 크로스하버 터널을 점거하고 있기 때문이다. 이 터널은 구룡반도와 홍콩섬을 연결하는 가장 큰 터널 중 하나다. 이곳이 막히면 홍콩 주요 교통에 큰 지장이 생긴다. 정부 입장에서는 난감한 일이 아닐 수 없다. 경찰이 더 신속히 시위대를 진압하고자 하는 것도 이 때문이다.

물론 이공대학 시위대가 가만히 있을 리 없었다. 시위대는 학교 앞 사거리에 쳐놓은 바리게이트까지 나와 화염병으로 경찰의 진입을 막았다.

시위대는 경찰과 대치하며 각자의 위치를 지켰다. 늦은 밤, 화염병과 최루탄의 공방전이 이어졌다.

그 시각, 몽콕 전선시위대는 경찰들을 유도하기 위해 네이션 거리를 어지럽히고 있었다. 이공대학에서 충돌이 일어나고 있는 만큼, 어떻게든 경찰의 시선을 끌어야 했다. 일부 시위대는 전기톱으로 신호등까지 잘라 쓰러트렸다. 행위의 정당성 여부를 떠나, 그 열과 성은 확실히 느낄 수 있었다.

시위대의 열성적인 움직임에도 경찰은 꿈쩍도 하지 않았다. 사실상 몽콕은 경찰에게 우선순위가 아니었다. 이미 망가질 대로 망가진 몽콕 거리다. 멀쩡한 보도블록 하나 없고 화염병으로 타버린 거리가 일상이 된 지 오래다. 이공대학과 공방전을 벌이고 있는 지금, 몽콕 쪽으로 시선을 돌릴 필요성을 느끼지 못하는 것 같았다.

상황을 주시하던 전선시위대는 거리를 어지럽히던 이들을 불러모았다. 시위대를 주도하는 듯한 10여 명의 시위자가 한자리에 모였다. 각자 핸드폰을 꺼내 들어 상황을 확인하고 토의를 이어가던 시위대는 결정을 내렸는지 다른 시위대에게 무언가를 큰 소리로 알렸다. 그 말을 들은 주변 시위대는 또 다시 큰 목소리로 근처의 시위대에 이야기를 전달했다. 그렇게 몇 번을 거쳐 네이션 거리 전역에 퍼져 있던 시위대 100여 명이 한 곳에 모여들었다.

토의를 하던 이들은 전체 시위대에게 무언가를 공지했고 시위대는 그 말을 수긍한 듯 박수를 친 후 침사추이 쪽으로 내려가기 시작했다.

뭘까? 어디로 가는 걸까? 광둥어를 모르던 나는 행선지도 모른 채 그들을 쫓기 시작했다.

한참을 침사추이 쪽으로 내려가던 시위대는 갈림길에서 좌측으로 방향을 틀었다. 지도를 켜서 예상 경로를 그려보았다. 그때야 그들의 행선지를 알 수 있었다.

이공대학이었다. 몽콕 시위대 100여 명이 이공대학 시위대에 합류하기로 결정한 것이다.

몽콕 시위대가 합류를 결정한 그 시각은 대략 밤 11시에서 12시쯤, 정문은 이미 경찰로 막혀 있었다. 그들은 거리를 크게 돌아 이공대학 블록 Z 아래로 향했다.

별관 격인 블록 Z와 본관 격인 블록 X 사이에는 다리가 하나 놓여 있다. 그 아래 길은 철조망과 바리게이트로 막혀 있었다. 시위대는 바리게이트 앞을 조금 둘러보더니 이내 길옆의 작은 샛길을 찾았다. 사전 답사로 이공대학을 확인해보긴 했지만, 학교 뒤편에 이런 샛길이 있다는 건 처음 알았다.

샛길을 따라 들어간 곳에는 홍콩 대학으로 이어지는 지하 터널이 자리하고 있었다. 터널 안쪽으로 들어가자 곳곳에서 이공대학 시위대가 보이기 시작했다. 식료품 등 각종 보급품을 나르는 시위자, 망을 보는 시위자, 무전기를 들고 다리 위 시위대와 연락을 취하는 시위자 등등, 각자의 역할이 있는 듯했다.

그중 무전기를 든 문지기 시위자 한 명이 지하 다리 중간에서 들어오는 시위대를 막아섰다. 몽콕 시위대 대표 격인 듯한 사람 한 명이 문지기에게 무언가를 얘기했다. 짧게 무전을 하던 문지기는 이내 시위대를 안으로 들여보내 주었다.

.

안에 들어서자 한 시위자가 들어오는 이들의 짐 검사를 하고 있었다. 그 옆에는 망루처럼 보이는 구조물 위에서 다른 시위자가 망을 보고 있었다. 짐 검사를 하는 시위자가 경찰과 관련된 물품이 없는지 확인한 후에야 학교 안에 들어갈 수 있었다.

조금 기다리자 내 차례가 왔다

"#$^4?"

광둥어로 무언가를 묻던 그는 내가 못 알아듣는 표정을 짓자 이내 영어로 짧게 질문을 던졌다.

"Press? (언론?)"

그렇다고 답하자 그는 신분증을 보여달라고 손을 내밀었다. 여권과 기자증을 보여주자 그는 여권의 얼굴을 내 얼굴과 대조해본 후 나를 들여보내주었다. 이쯤 되면 거의 군대 검문소였다. 검문소를 통과하고 이공대학교에 첫발을 내디뎠을 때 나는 내 눈 앞에 펼쳐진 광경을 믿을 수 없었다.

처음 나를 마주한 것은 벽돌로 높이 쌓은 진입로이었다. 약 2m 높이의 진입 벽이 진입로 양측을 따라 지그재그로 구축되어 있었다. 원래 있던 학교 구조물이 아니었다. 학교를 점거하고 있는 시간 동안 학생들이 쌓아 올린 구조물이다. 학교 안쪽으로 진입하기 위해서는 진입 벽 사이로 들어가 지그재그로 된 긴 공간을 통과해야 한다. 벽은 사람 2명 정도가 들어가면 꽉 찰 만큼 좁았다. 다수의 경찰이 통과할 수 없는 구조였다. 벽을 둘러싸고 있는 공간에는 화염병들이 놓여 있었다. 언제든 바로 던질 수 있게 배치해놓은 모양새였다.

그 모습을 촬영하기 위해 카메라를 들자 한 시위자가 나를 멈춰 세웠다. 그는 양손을 모아 공손히 나에게 촬영을 하지 말 것을 부탁했다.

"사진은 어려워요, 경찰에 전략을 노출할 수 없어요."

그의 말에 어쩔 수 없이 카메라를 내렸다. 지금 생각해보면 그때 무리해서라도 촬영을 했어야 할까 싶다. 더 이상 존재하지 않는 이공대의 모습이 머리 속 기억으로만 남아있다는 것이 여러모로 아쉬울 따름이다. 그럼에도 불구하고 양손을 모아 부탁하는 그의 심정을 알았기에 촬영을 더 진행하지는 않았다.

시위대는 2층으로 올라가는 직접 통로를 모두 막아놓았다. 때문에 긴 길을 따라 들어가야만 2층으로 가는 계단을 이용할 수 있다. 가는 길에는 바리게이트용으로 만든 중간 방어선이 여럿 있었고 길을 따라 차량을 막는 벽돌들이 깔려 있었다.

길옆에 있는, 체육관으로 보이는 넓은 공간에는 침낭과 각종 생필품이 여기저기 흩어져 있었다. 학생들이 잠을 자거나 생활을 하는 공간인 듯했다.

긴 길을 따라 들어간 건물은 학교 식당이 있는 중앙 건물. 각종 보급품이 있는 창고와 식당이 위치한 곳이었다. 공간 곳곳에는 'No Photo(사진 촬영 금지)'라는 푯말이 걸려 있었다. 내가 카메라를 들고 있는 것을 확인하자 지나가던 시위대가 나를 보며 'No Photo'를 외쳤다. 모두 카메라에 굉장히 민감했다.

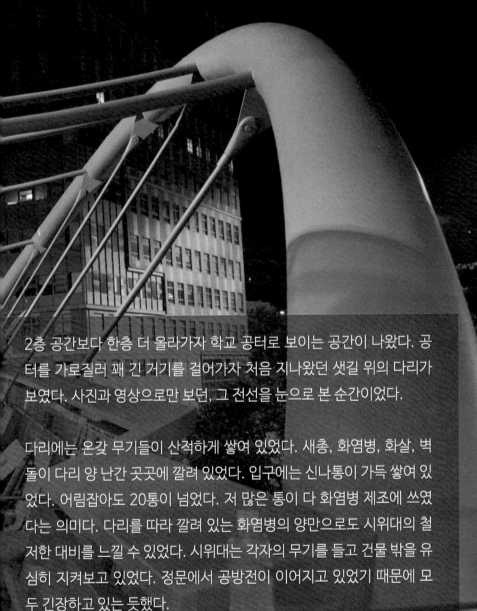

2층 공간보다 한층 더 올라가자 학교 공터로 보이는 공간이 나왔다. 공터를 가로질러 꽤 긴 거기를 걸어가자 처음 지나왔던 샛길 위의 다리가 보였다. 사진과 영상으로만 보던, 그 전선을 눈으로 본 순간이었다.

다리에는 온갖 무기들이 산적하게 쌓여 있었다. 새총, 화염병, 화살, 벽돌이 다리 양 난간 곳곳에 깔려 있었다. 입구에는 신나통이 가득 쌓여 있었다. 어림잡아도 20통이 넘었다. 저 많은 통이 다 화염병 제조에 쓰였다는 의미다. 다리를 따라 깔려 있는 화염병의 양만으로도 시위대의 철저한 대비를 느낄 수 있었다. 시위대는 각자의 무기를 들고 건물 밖을 유심히 지켜보고 있었다. 정문에서 공방전이 이어지고 있었기 때문에 모두 긴장하고 있는 듯했다.

정문 상황은 어떨까? 상황을 파악하고 싶었던 나는 정문으로 가는 방향을 찾기 위해 학교를 뒤지기 시작했다. 워낙 복잡다단한 건물이라 학교 입구를 찾는 것이 쉽지 않았다. 같은 곳을 몇 바퀴 돌며 한참을 헤맨 끝에 학교 지도를 찾을 수 있었다. 그제야 내 위치가 파악됐다.

광둥어로 가득한 지도를 어렵게 해석해 정문에 도착했을 때는 한바탕의 싸움이 끝나고 경찰이 철수한 뒤였다. 입구에는 소방대원들이 전소된 잿더미에 물을 뿌리고 있었다. 시위대가 경찰을 막기 위해 바리게이트에 불을 놓은 듯했다. 공기에 연한 최루탄 냄새가 남아 있었다. 잔향으로만 보았을 때는 바로 얼마 전까지 공방이 오고 간 것 같았다. 사거리는 벽돌과 화염병 유리 조각으로 난장판이었다.

주변에서는 기자들은 공방전이 남긴 흔적들을 카메라에 담고 있었다. 내 옆에서 연신 사진을 찍던 한 기자는 반대쪽에 서 있던 동료 기자에게 한마디를 툭 던졌다.

'아침에 크게 한번 붙겠는데?'

옆에 있던 기자는 사진을 찍으며 말없이 고개를 끄덕였다. 아침이 오면 정신없이 뛰어다니게 될 것 같다는 예감이 머리를 스쳤다. 시위대 마지막 보루인 이공대학에 큰 파도가 몰려오고 있었다.

정신없고 복잡다단한 새벽이었지만, 그사이에 흥미로운 만남 역시 있었다. 2017년, 개인적으로 국내 온라인 배급을 맡았던 다큐멘터리 〈Escape From Syria〉의 감독 앤더스 해머(Anders Hammer)를 현장에서 만난 것이다. 당시 이메일로만 소통했던 그를 홍콩에서 보게 되다니 놀랍고 반가울 따름이었다. 그를 직접 만나게 될 줄은 상상도 못 했는데, 참 사람 인연을 모를 일이다 싶었다.

시리아 난민부터 이라크 반군까지, 전 세계 곳곳을 누비고 다니며 다양한 사람들의 다큐멘터리를 찍는 그는 8월부터 홍콩 시위를 취재하고 있었다. 온갖 전쟁터를 돌아다닌 그가 홍콩에 있다니, 정말 홍콩 시위 현장이 전쟁터구나 싶었다. 그는 카메라를 허리에 차고 이공대학 현장 구석구석을 촬영했다. (그가 홍콩에서 찍은 다큐멘터리는 'Do Not Split'이라는 제목으로 2020년 선덴스 영화제에 출품되었다.)

그간 현장이 어땠는지 그에게 묻자 그는 몸에 난 화상 자국을 가리키며 말했다.

"지난 2주는 정말 전쟁터 같았어요. 이곳에 몇 개월을 있었지만 이렇게 격한 충돌이 연이어 일어난 건 처음이에요. 며칠 전 홍콩 중문 대학에 있었는데 그날 현장에 있던 사람 중에 다치지 않은 사람이 없었을 정도예요."

그의 말을 들으며 괜히 아침에 벌어질 충돌이 무서워졌다. 이공대학 현장은 얼마나 치열할지 상상도 되지 않았다.

현장을 카메라로 담던 우리 둘은 새벽 2시 반쯤 다음날을 기약하며 헤어졌다. 무언가 소식을 듣게 되면 서로에게 정보를 공유해주기로 했다.

"텔레그램이랑 뉴스 잘 보고 있어요. 오는 아침이 이번 시위의 분수령이 될 거예요."

그 역시 기자와 같은 말을 했다. 괜히 쓰고 있던 헬멧을 만지작거렸다. 내 안전을 기원하며 직장 동료가 사준 헬멧. 부디 돌아오는 아침, 내 안전을 잘 책임져주길.

11月 17日, 홍콩 이공대학

싸움은 아침부터 시작되었다.

아침 해가 자리를 잡아갈 즈음, 경찰이 이공대 앞 사거리를 모두 통제했다. 경찰이 움직이기 시작하자 이공대학 시위대 40~50여 명도 학교 앞 거리로 나왔다. 거리 입구에 쇠창살로 바이게이트를 둔 시위대는 서로의 방독면 상태를 점검하며 충돌에 대비했다. 제일 앞줄에 있는 이들은 우산과 화염병을 들고 상황을 주시했다. 교내 건물 난간에도 시위대가 빼곡히 서 있었다. 마치 공성군을 마주한 요새 안 군인들 같았다.

이공대학 시위대의 숫자는 대략 800여 명. 이를 아는 경찰은 시작부터 섣불리 진입하지 않았다. 대신 15~20분 간격으로 최루탄을 쏘며 기회를 엿보았다. 경찰이 조금이라도 간격을 좁히려 하면 시위대는 어김없이 화염병과 벽돌을 던지며 응수했다. '제거반' 역할의 시위자들은 재빠르게 움직이며 날아온 탄알들을 제거했다. 양측의 간격은 그렇게 좁혀졌다 멀어지기를 반복하며 한동안 평행선을 그었다.

팽팽하던 긴장감에 조금씩 틈을 내는 건 최루탄도, 고무탄도 아니었다. 도로 위의 지독한 더위였다. 가뜩이나 더운 날씨에 마스크까지 쓰고 있으니 숨이 턱턱 막혀왔다. 나도, 다른 기자들도 모두 땀 범벅이었다.

11월의 홍콩이 상대적으로 선선하다지만 어디까지나 상대적인 날씨다. 평균 24~25도를 웃도는 기온. 마스크, 헬멧, 검은색 옷으로 무장한 시위대에게는 더 버티기 힘든 더위였다. 게다가 그들이 서 있는 곳은 아스팔트 도로다. 시간이 지날수록 일대가 뜨겁게 달아올랐다. 이미 며칠에 걸쳐 낮밤 없이 싸워온 시위대는 조금씩 늘어지기 시작했다.

시위대가 지친 기색을 보이거나 긴장을 늦추면 어김없이 최루탄이 날아왔다. 곳곳에서 탄알 제거반의 거친 숨소리가 들렸다. 천천히 말려 죽인다는 게 이런 느낌일까 싶었다.

큰 충돌 없이 최루탄 세례만 쏟아진 지 얼마나 흘렀을까. 경찰 모니터링 텔레그램 방에 알람이 울렸다. 한 시민이 올린 사진. 침사추이 인근 도로에서 확인된 살수차와 경찰차였다. 시위대의 전선을 뚫기 위해 살수차가 오고 있었다. 아무래도 경찰이 먼저 칼을 빼든 듯하다. 시위 현장 주변 기자들도 같은 소식을 확인한 듯 몸을 일으켜 자리를 잡았다. 홍콩 경찰의 살수차는 시위 진압 무기 중에서도 최종 보스로 불린다. 살수차가 분사하는 물에는 캡사이신이 섞여 있다. 때문에 한 번 맞으면 몇 시간 동안 타는 듯한 고통을 느낀다. 여러 번 시위에 왔지만 직접 마주하는 건 이번이 처음이었다.

20분쯤 후, 경찰 포위선 사이로 살수차와 경찰차가 모습을 드러냈다. 하나는 흰색 살수차, 다른 하나는 검은색 진압 경찰차였다. 살수차는 파란 염색물을 살수한다. 현장에 있던 시위 참여자를 현장 밖에서도 확인해 검거하기 위함이다.

차량이 등장하자 시위대에는 비상이 걸렸다. 방금 전과는 180도 다른 분위기였다. 다들 분주하게 움직이며 급히 우비를 꺼내 입었다. 모두 바짝 긴장하고 있었다. 긴장하기는 기자들도 마찬가지였다. 현장에 익숙한 듯 보이는 기자들은 재빨리 우비를 걸쳤다.

살수차가 물을 쏘며 밀고 들어오자 방어선이 순식간에 밀렸다. 시위대는 화염병과 벽돌을 던지며 방어선을 사수하려고 했지만 강력한 살수의 수압 앞에 버티는 것이 쉽지 않아 보였다. 교내에서도 벽돌과 화염병을 던졌다. 그 모습을 본 살수차가 푸른 물을 학교 건물 위에 쏘아댔다. 5대 요구를 써놓은 학교 현수막이 짙은 푸른색으로 뒤덮였다.

"조심! 조심!"

시위대를 향하던 물줄기는 기자들에게도 날아왔다. 기자들은 나무와 작은 컨테이너 박스를 방패 삼아 물줄기를 피했다. 기자 앞쪽에도 일부 시위대가 버티고 있었기 때문에 언제라도 물대포가 우리를 향할 수 있었다.

"워! 워! 옆에!"

갑자기 강한 물줄기가 우리 앞으로 날아왔다. 다들 반사적으로 몸을 피했다. 나 역시 컨테이너 뒤에 몸을 숨겼다. 조금씩 고개를 빼며 시위 상황을 살폈다. 검은 진압용 경찰차가 방어선을 뚫기 위해 거리 앞에 놓인 쇠창살을 밀어내고 있었다. 시위대는 차량을 향해 연신 화염병을 던졌다. 입구 앞이 불바다가 되자 살수차는 뒤로 물러나며 앞의 시위대에 물을 뿌려댔다. 살수차를 기회 삼아 앞으로 전진하는 경찰들은 시위대를 향해 고무탄을 발사했다.

"First Aid! First Aid! 여기 한 명 쓰러졌어요!"

뒤에서 응급구조원을 부르는 다급한 목소리가 들렸다. 기자 중 한 명이 물대포를 정면으로 맞은 듯했다. 하지만 뒤를 살필 틈이 없었다. 상황이 요동치는 것은 앞도 마찬가지였다. 물대포를 맞은 맨 앞줄의 시위대도 부축을 받으며 뒤로 후퇴하기 시작했다. 우비와 우산으로 몸을 보호하는 다른 이들이 그 빈자리를 채워나가며 자리를 사수했다. 차량 진입을 막기 위한 화염병이 계속 거리 앞으로 던져졌다.

2019 홍콩 시위: 3달의 기록

촤-악

다시 한 번, 물줄기가 우리 쪽으로 날아왔다. 이번에는 포물선을 그리며 머리 위로 지나갔다. 캡사이신 물이 빗줄기처럼 하늘 위에서 쏟아져. 떨어진 물이 닿은 몸은 이내 타는 듯한 통증을 느꼈다. 안 그래도 피부가 안 좋은 터라 다른 사람보다 더 민감하게 반응하는 것 같았다. 목 주변으로 흘러내린 물이 상처 주변부를 들쑤셨다.

"거기 조심!"

아차

순간 눈앞에 무언가 번쩍였다. 강한 물줄기가 하반신을 강타했다. 카메라를 보호하기 위해 반사적으로 몸을 뒤로 젖히며 넘어졌다. 넘어진 몸을 끌어 급히 컨테이너 뒤로 몸을 피했다. 캡사이신 물이 하반신을 축축이 적셨다. 급히 근처의 소화전으로 가 몸을 씻어 내렸지만 물이 닿자마자 통증이 몸을 엄습했다. 정신이 아득해질 만큼의 지독한 고통이었다.

아픔을 쫓아보려고 가지고 있는 물을 몸에 부어보았지만 잠깐 물러가는 듯한 통증은 더 강하게 몸을 공격했다. 결국 버티지 못하고 거리 뒤로 몸을 피했다. 내 상태를 본 응급구조원이 벽 옆에 나를 앉힌 후 비눗물을 뿌려주었다. 옆에는 살수차를 맞고 낙상한 듯한 기자가 치료를 받고 있었다.

기자의 머리와 얼굴이 피로 범벅이었다. 응급구조원은 그의 몸을 담요로 덮은 후 쏟아지는 피를 닦아내며 찢어진 뒤통수를 지혈했다. 다친 기자의 몸이 심하게 떨렸다. 호흡도 점점 가빠졌다. 캡사이신 통증이 주는 쇼크에 뇌진탕 증상도 온 것 같았다. 구조원은 산소호흡기 같은 것을 그의 얼굴에 붙이고 계속 말을 걸었다. 정신을 잃지 않도록 하려는 것 같았다.

그 옆의 다른 기자도 살수차 물을 전신에 맞고 온몸을 떨고 있었다. 상황이 익숙한 듯 얼굴은 웃고 있었지만 입에서는 신음이 새어 나왔다. 눈을 찌푸리며 웃던 그는 결국 탄식하며 욕을 뱉어냈다.

"Fucking shit, this is painful as hell."

정말이었다. 지독하게 아팠다. 캡사이신의 열기가 뼛속까지 스며들었다. 화상을 입었을 때도 겪어본 적 없는, 온몸이 불타는 듯한 고통. 응급구조원들이 비눗물을 뿌려주고 얼음으로 몸을 문질러주었지만 고통은 멈출 줄 몰랐다. 우리 상태를 본 주변 시민들은 근처 편의점에서 물을 사와 천천히 뿌려주었다.

얼마 안 있어 구급차가 도착했다. 구급대원들은 의식을 잃어가던 기자를 먼저 태워 이송해갔다. 옆에 있던 한 소방대원은 새빨개진 내 피부를 보고 '이거 괜찮은 거냐'며 나의 상태를 살폈다. 대답을 해야 하는데 너무 아파 말이 나오지 않았다. (지금 돌이켜보아도 기억이 가물가물하다. 통증 때문에 제정신이 아니었다.)

내 상태를 본 그는 나도 구급차에 함께 데려갔다.

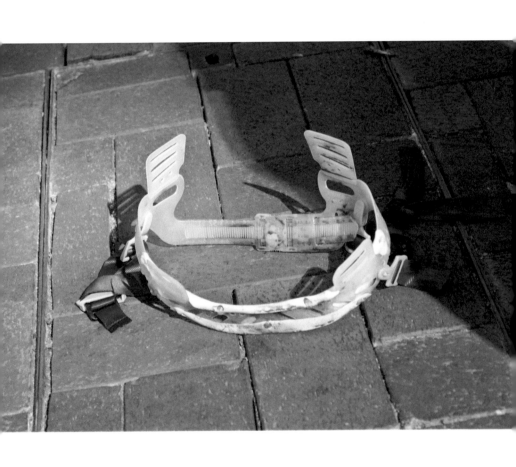

구급대원들은 내 옷을 벗긴 후 중화액으로 보이는 어떤 액체로 내 몸을 적셨다. 10분 정도 지나자 통증이 서서히 가라앉기 시작했다.

"이제 좀 괜찮아요? 어느 나라 기자예요?"

처음으로 그의 목소리가 제대로 들렸다. 한국에서 왔다고 하자 그는 서류에 작성해야 할 내용이 있다며 내 여권을 받아갔다. 그가 자리를 비운 사이 다른 구급 대원이 천천히 상황을 설명해주었다.

"병원 응급실까지 가게 되면 1,000 홍콩 달러를 내야 해요. 원하지 않으면 근처 역에 내려줄 테니 빨리 숙소로 돌아가서 옷부터 갈아입어요. 지금 옷을 그대로 입고 있으면 다시 통증이 밀려올 거예요"

차량이 이미 현장에서 꽤 벗어났기 때문에 걸어서 다시 돌아가기도 애매한 상황이었다. 결국 근처 역에 내려 황급히 몽콕에 있는 호텔로 돌아갔다.

· · ·

방으로 돌아와 몸의 캡사이신을 씻어냈다. 물만 닿았을 뿐인데 통증이 다시 몰려왔다. 그래도 처음보다는 나았다. 우선 현장으로 돌아가는 것이 급했다. 대충 몸을 씻고 옷을 갈아입었을 때쯤 이공대학에 있던 앤더스 해머 감독에게 메세지가 왔다.

'시위대가 학교 문을 걸어 잠갔어요. 들어오는 게 쉽지 않을 거예요'

경찰의 진입 시도가 점점 과격해지자 시위대가 아예 정문을 닫아버린 모양이다. 제일 중요한 순간에 호텔로 온 지금의 상황이 그저 원망스러웠다. 앤더스 감독에게 내 상황을 설명해주자 '상황은 계속 업데이트해줄 테니 우선 몸부터 추스르라'며 나를 달랬다. '아픈 부위에 우유를 부어보라'는 현실적인 조언까지 던져주었다.

얼마 안 있어 뉴스 속보가 올라왔다. 이공대로 진입하는 루트 중 하나인 다리를 시위대가 통째로 태워버렸다는 내용이었다. 경찰 진입을 막으려 한 듯했다. 다행히 사상자는 없어 보였다. 현장 상황이 점점 아수라장이 되고 있었다. 숙소에서 창밖을 바라보았다. 높은 빌딩들 사이로 이공대학에서 올라오는 검은 연기가 보였다. 정말 다리에 불을 지른 모양이었다. 거기까지 보자 도저히 가만히 있을 수가 없었다. 어서 현장으로 돌아가야 했다. 축축하게 젖은 신발을 다시 신었다. 불바다를 밟은 것처럼 발바닥이 아파왔지만 견딜 수 있는 수준이었다. 허겁지겁 촬영 장비를 챙겨 호텔을 나섰다.

호텔을 나와 몽콕의 거리에 들어서자 들어올 때는 보지 못했던 풍경이 펼쳐졌다. 아까는 보이지 않던 전선시위대가 거리에 가득했다. 게릴라성으로 거리를 돌아다니던 그동안의 몽콕 시위대와는 달랐다. 어림잡아도 수천 명은 되어 보였다.

복면을 쓴 한 남성이 확성기를 들고 다른 시위대에게 무언가를 크게 외쳤다. 시위대가 그 소리에 화답하며 침사추이 방향으로 발걸음을 옮겼다.

근처에서 상황을 취재하던 기자에게 다가가 방금 남성이 무슨 말은 한 것인지 물었다.

"이공대학으로 가서 동료 시위대를 구하자는 얘기예요."

이공대학의 상황을 보고 수천 명이 시위대가 몽콕의 거리로 집결한 것이었다. 시위대가 한 블록씩 지날 때마다 근처에 있던 모텔과 여인숙에 있던 검은색 옷의 시위대가 쏟아져 나왔다.

두세 블록 앞에 경찰차의 붉은 빛이 보였다. 이윽고 확성기 소리가 들리기 시작했다. 경찰은 이공대학으로 가는 길목을 막고 시위대에 즉각 해산하라는 메시지를 연신 내뱉었다.

그러나 시위대는 멈출 줄을 몰랐다. 계속해서 내려가는 시위대는 화염병을 던지며 최루탄 사이를 뚫고 내려갔다.

2019년 11월 17일 밤, 홍콩 구룡 반도에 불길이 치솟았다.

11月 18日, 홍콩 몽콕

"탕! 탕!....탕!"

몽콕 거리에 발포 소리가 쉴 새 없이 울려 퍼졌다. 시위대는 우산을 들어
날아오는 고무탄을 막아냈다. 이따금 고무탄이 우산을 뚫고 누군가를
맞추면 주변 시위대가 다른 우산으로 방패를 만들어주었다. 전방에 있
던 시위대는 활로를 뚫기 위해 계속 화염병을 던졌다. 떨어진 화염병이
불길을 내뿜었지만 경찰은 요지부동이었다.

네이선 거리 중간쯤에 있는 사거리, 길 하나를 두고 시위대와 경찰은 계속 공방전을 이어갔다. 신호등이 바뀔 때마다 양측 사이로 차들이 빠르게 지나갔다. 이 정도 공방전이 오고 간다면 안전을 위해 차량 진입이 통제되곤 하는데, 무슨 이유에서인지 경찰은 차량 이동을 막을 생각이 없는 듯했다. 운 나쁘게 고무탄이나 화염병을 맞은 차량은 격양된 클락션을 울려댔다. 기름으로 움직이는 차량 옆에 터지는 화염병이라니, 아슬아슬한 상황의 연속이었다.

기자들은 길옆 건물에 바짝 붙어 상황을 주시했다. 물론 그렇게 해서 위험이 피해지지는 않았다. 여전히 빈백탄과 고무탄이 곳곳에서 날아왔다.

"탕!"

"악!"

바로 앞에서 촬영을 하던 기자가 고무탄을 맞고 쓰러졌다. 기자는 발목을 맞은 듯 몸을 숙인 채 다리를 부여잡고 일어나지 못했다.

"First aid!"

급하게 손을 흔들어 응급 구조원을 부른 후 그를 부축해 건물 안으로 들어갔다. 발목이 크게 부어 있었다.

응급구조원이 그의 발목을 확인한 후 얼음찜질을 해주었다. 말을 알아들을 수 없어 정확히는 알 수는 없었지만 상태가 좋아 보이지는 않았다. 살짝만 눌렀을 뿐인데도 기자의 입에서 신음소리가 새어 나왔다.

고무탄은 잘못 맞으면 골절이 생길 수도 있다. 비살상무기이지만 부상을 초래할 수 있는, 결코 안전하지 않은 무기다.

그 사이에도 최루탄은 지칠 줄 모르고 날아왔다. 자욱해진 최루탄 연기가 시야를 가리면 그 사이로 고무탄이 쏟아졌다. 그때마다 시위대는 뒤로 후퇴했다가 연기가 걷힐 즈음 다시 전진해 화염병으로 응수했다. 한시위대가 던진 화염병이 우리가 몸을 숨기고 있던 건물 입구 앞에 떨어졌다. 눈앞에 불길이 차올랐다.

건물 안에는 대피한 시민들도 몇 있었다. 모두 연신 떨어지는 최루탄 연기에 고통스럽게 기침을 토했다. 건물 안에 있으면 계속 최루탄으로 고생하겠지만 다들 거리로 나가 현장을 탈피하는 것이 두려운 것 같았다.

미친 듯이 날아오는 최루탄과 고무탄에 시위대는 결국 조금씩 뒤로 물러났다. 시위대가 물러서자 경찰은 전진하며 후퇴하는 시위대를 밀어냈다.

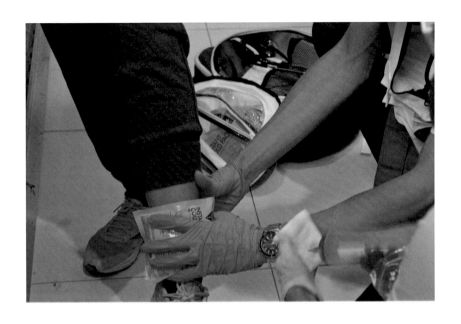

新 城 租 ☎ 2548 7000

旺角新城

紅茶
Red Tea

旺角新城

경찰들은 기자들을 보자 위협적으로 고무탄 총을 들이댔다. 자신들의 작업에 방해가 된다는 듯한 이야기를 한 그들은 우리들을 갓길의 골목으로 쫓아낸 후 다시 앞으로 나아갔다.

다리에 고무탄까지 맞아가면서도 촬영을 이어가는 사람들이었다. 당연히 거기서 멈출 리는 없었다. 기자들은 경찰이 시선에서 멀어지자 골목 안쪽으로 들어가 시위대가 후퇴한 방향으로 빠르게 몸을 움직였다.

처음 있던 곳에서 세 블록 정도 위로 움직였을까, 다시 거리로 나왔을 때 시위대는 City Bank 앞에 있는 사거리에 자리를 잡고 상황을 주시하고 있었다. 시위자 몇이 망원경으로 경찰의 동태를 살폈다.

잠시 후 시위대는 다시 한번 아래로 움직였다. 이공대학까지 가기 위한 사투는 그렇게 밀고 당기기를 반복하며 계속되었다.

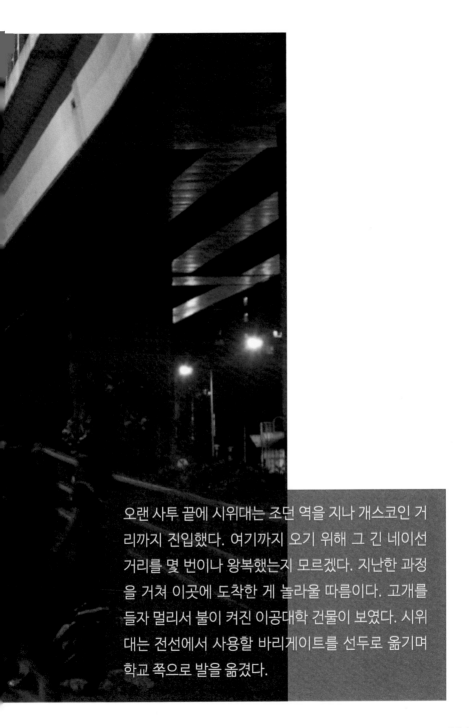

오랜 사투 끝에 시위대는 조던 역을 지나 개스코인 거리까지 진입했다. 여기까지 오기 위해 그 긴 네이선 거리를 몇 번이나 왕복했는지 모르겠다. 지난한 과정을 거쳐 이곳에 도착한 게 놀라울 따름이다. 고개를 들자 멀리서 불이 켜진 이공대학 건물이 보였다. 시위대는 전선에서 사용할 바리게이트를 선두로 옮기며 학교 쪽으로 발을 옮겼다.

이윽고 선두에서 최루탄 발포 소리가 들렸다. 경찰 바로 앞까지 당도한 것이었다.

거의 다 왔다고. 그렇게 생각한 순간이었다.

"살수차! 살수차!"

한 시위자가 살수차를 외치며 시위대 쪽으로 뛰어왔다. 곧 갓길에서 사이렌 소리가 들렸다. 경찰의 살수차였다. 시위대 전체가 동요하기 시작했다. 갓길은 시위대 무리 중간쯤에 있었다. 잘못하다가는 선두 시위대가 양쪽의 경찰에 포위될 수도 있는 상황이었다. 메가폰을 잡고 있던 누군가가 급하게 무언가를 외쳤다.

그 소리에 시위자들 모두 빠르게 거리를 빠져나가기 시작했다. 그 사이 현장에 도착한 살수차는 후퇴하는 이들의 뒤를 바짝 쫓았다. 물대포를 쏘아대는 살수차를 쫓아 네이선 거리로 다시 나왔을 때 내 눈앞에는 참극이 벌어지고 있었다.

살수차는 도망가는 시위대를 향해 물대포를 무차별적으로 직사했다. 시위대가 골목 사이로 들어가자 물대포는 골목 안을 향했다. 현장에는 일반 시민들도 있었지만 신경 쓰지 않았다. 고무탄과 빈백탄 발사 소리도 연이어 들렸다. 살수차가 지나갈 때마다 길거리 행인들까지 물대포와 고무탄을 맞고 쓰러졌다. 응급 구조원들이 분주하게 다친 사람들을 살폈다. 살수차를 피해 계단을 내려가던 내 머리에도 고무탄이 날아왔다. 헬멧을 쓰고 있었기에 망정이지 잘못하면 계단에 구를 뻔했다.

내 옆에는 10대로 보이는 여성 2명도 고무탄을 맞아 응급구조원이 상태를 살펴보고 있었다. 상황을 확인하기 위해 네이선 거리 위쪽으로 올라가던 찰나, 몽콕 쪽으로 갔던 살수차가 다시 아래로 내려오며 물대포를 쏘았다. 나 역시 급하게 몸을 피했다. 한 번 살수차의 무서움을 맛보아서인지 물대포를 볼 때마다 반사적으로 숨게 됐다. 시위에 직접 참여하지 않는 나에게도 두려움이 밀려왔다.

"First Aid! First Aid!"

차량이 지나가자 30대로 보이는 한 남성이 10살 정도 되어 보이는 아이를 안고 응급 구조원에게 달려갔다. 아이는 살수차를 정면으로 맞았고 캡사이신 쇼크로 호흡 곤란이 온 듯했다. 아이의 상태를 보고 다급해진 구조원은 아이를 구석으로 데려가 옷을 벗기기 시작했다. 옆에 있던 시위자 몇이 급히 우산으로 아이를 가려주었다.

이쯤 되면 정말 전쟁이었다. 기록자로 온 것이었지만 화가 머리끝까지 차올랐다. 대체 이게 무엇인지, 내 눈앞에 벌어지는 이 풍경이 용납될 수 있는 풍경인 것인지 계속 생각했다.

공권력의 폭력이 얼마나 무서울 수 있는지, 나는 그날 뼈저리게 느꼈다.

살수차가 돌아가자 흩어졌던 시위대가 다시 거리로 모였다. 이공대학에 도달할 때까지 이들은 멈추지 않을 작정이었다. 검은색 옷을 입은 수백 명이 다시 거리로 향했다. 멀리서 경찰차의 사이렌 불빛이 보였다.

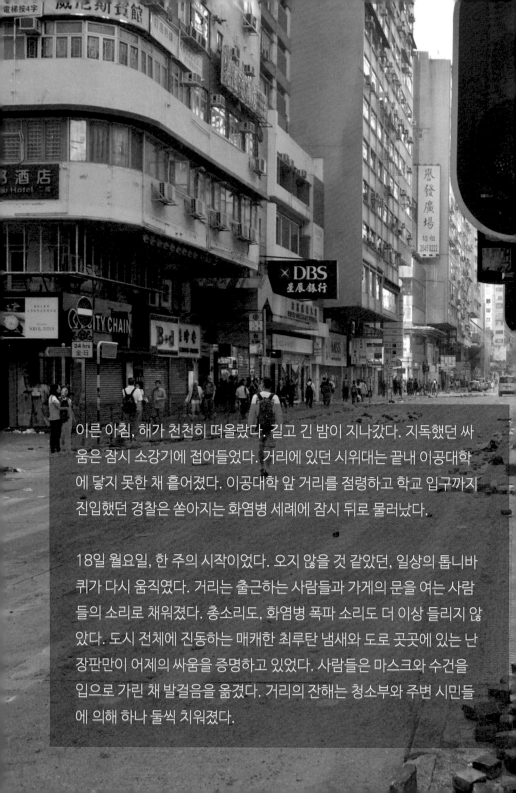

이른 아침, 해가 천천히 떠올랐다. 길고 긴 밤이 지나갔다. 지독했던 싸움은 잠시 소강기에 접어들었다. 거리에 있던 시위대는 끝내 이공대학에 닿지 못한 채 흩어졌다. 이공대학 앞 거리를 점령하고 학교 입구까지 진입했던 경찰은 쏟아지는 화염병 세례에 잠시 뒤로 물러났다.

18일 월요일, 한 주의 시작이었다. 오지 않을 것 같았던, 일상의 톱니바퀴가 다시 움직였다. 거리는 출근하는 사람들과 가게의 문을 여는 사람들의 소리로 채워졌다. 총소리도, 화염병 폭파 소리도 더 이상 들리지 않았다. 도시 전체에 진동하는 매캐한 최루탄 냄새와 도로 곳곳에 있는 난장판만이 어제의 싸움을 증명하고 있었다. 사람들은 마스크와 수건을 입으로 가린 채 발걸음을 옮겼다. 거리의 잔해는 청소부와 주변 시민들에 의해 하나 둘씩 치워졌다.

거리에 앉아 그들의 걸음걸이를 한없이 바라보았다. 그 모습을 보며, 처음으로 이 시위가 얼마나 어려운 싸움인지 진심으로 이해할 수 있었다. 시위대가 학교를 점령하고, 화염병을 던지고 수천 발의 최루탄을 이겨내더라도 오랜 시간에 걸쳐 굳혀진 체계와 시스템은 우리의 일상처럼 변함없이 작동하고 있다. 모든 걸 바치면, 다음 날 아침 그 견고한 벽에 살짝이라도 금이 가지 않을까, 무언가 변화해있지 않을까 기대하지만 아침이 오면, 세상은 원래의 관성대로 움직인다.

지난 9월. 나는 시위 속에서 변화의 희망을 느꼈다. 10월에 나는 기록의 책무를 느꼈다. 11월, 홍콩의 마지막 날 아침, 나는 무력감을 느꼈다. 수십 명의 기자가, 수백 명의 응급 구조원이, 수만 명의 시위대가 자신의 최선을 다해도 진정한 변화는 그 최선들 사이에 '우연히' 피어나는 꽃 같은 것이었다.

이 '우연함'을 기대하며 홍콩 시민들은, 세상의 모든 억압 받는 자들은, 우리는, 계속 싸울 수 있을까? 그 기대만으로 우리는 이길 때까지 버틸 수 있을까?

나는 끝내 그 질문에 답하지 못했다. 11월 18일, 새로운 한 주를 시작하는 몽콕의 거리, 내가 기록한 홍콩의 마지막 모습이었다.

-The End-

Epilogue

11월 이후 홍콩은 새로운 국면으로 접어들었다. 이공대학은 18일부터 시작된 경찰의 오랜 포위 끝에 11월 29일 완전히 정리되었다. 시위대를 학교 안에 가둔 채 모든 보급품을 끊은 잔인한 봉쇄였다는 여론의 질타가 쏟아졌다.

한편 11월 24일 있었던 홍콩 구의원 선거는 친민주파의 승리로 끝났다. '홍콩 시민들은 더 이상의 시위를 지지하지 않는다'는 정부의 말이 무색해질 만큼 압도적인 결과였다. 연이어 미국에서는 홍콩인권법이 상원을 통과한 후 트럼프의 서명을 얻었다. 오랜 패배 속에서 얻은 값진 희소식이었다.

이후 주말의 대규모 시위는 여러 번 있었지만 11월 때와 같은 첨예한 충돌은 많이 줄어들었다. 2020년이 오자 예전과 같은 전선 시위대의 투쟁은 거의 보이지 않았다. 물리적인 싸움으로는 문제를 해결하기 어렵다는 시위대의 내부적인 판단도 작용한 것으로 보인다. 물론 여전히 경찰의 과도한 폭력과 무력 사용은 홍콩 곳곳에서 벌어졌다.

전 세계를 강타한 신종 코로나바이러스 속에서 수백만 홍콩 시민들의 투쟁은 계속되고 있다. 작년부터 이어져 온 오랜 싸움에도 불구하고 본질적인 문제는 아직 해결되지 않았기 때문이다. 그 어떤 것도 바뀌지 않았다. 오히려 더 나빠지고 있다고 보는 게 맞을 것이다.

6월 30일, 중국은 홍콩 국가보안법을 발의해 속전속결로 통과시켰다.

그야말로 일국양제의 종언이었다. 홍콩의 변화를 만들어낼 '우연히'는 여전히 오지 않았다.

나는 일상 속으로 돌아왔다. 회사를 나가고, 이따금 홍콩의 이야기를 모니터링한다. 지난 시간을 이렇게 기록하며, 앞으로 무엇을 할 수 있을지 고민하고 있다.

나는 나의 글이 변화를 가져올 것이라고 생각하지 않는다. 내 글이 '우연히'에 대단히 일조할 것이라고도 믿지 않는다.

그럼에도 불구하고 쓰지 않으면 안 되기에 이 마지막 글까지 달려왔다. 대단치 않은 기록임에도 써 내려갔다. 부질없는 믿음 가운데서 만들어진 모든 것들이 '기적같이' 기적을 만들어낼 수 있지 않을까 희망하며 지난 시간을 기록했다.

내 기록은 단 3달이 전부다. 하지만 다음 기록이 계속되기를 바란다. 끈질긴 관심이, 새로운 관심이, 또 다른 기록을 만들어내길 바란다. 관심은 앎의 욕구를 불러일으키고, 알고자 하는 사람이 있을 때 기록자들은 움직이고 기록한다. 그렇게 쓰인 기록은 다음 기록으로 이어지고 차곡차곡 쌓인 기록은 새 싸움을 위한 바탕이 된다. 부디 이 기록이 그 징검다리의 역할을 할 수 있기를 바란다.

OPENBOOK

수많은 사람들의 이야기가 담긴,
세상 사람들을 위한 한 권의 참고서

메인페이지 www.obinterview.co.kr
페이스북 @오픈북 : openbook
인스타그램 @magazine_openbook
유튜브 OPENBOOK : 오픈북

값 13,500원
03300

9 791137 211193
ISBN 979-11-372-1119-3